Kaffeefleck & Schraubenzieher

Kaffeefleck &
Schraubenzieher

Die Tips in diesem Buch wollen nur mögliche Problemlösungen vorschlagen. Der Verlag kann deshalb keinen absoluten Erfolg garantieren. Beim Umgang mit Chemikalien und feuergefährlichen Materialien raten wir zu besonderer Vorsicht.

Sonderausgabe für
Planet Medien AG, CH-Zug
Illustrationen
von Josef Blaumeiser, Irmtraud Teltau und Jean Venenbos
Gesamtherstellung: Planet Medien AG

Verehrte Leserinnen und Leser,

wer hat sich nicht schon einmal einen Zauberspruch gewünscht, um all die kleinen und großen Probleme des Alltags auf einen Schlag zu lösen? In diesem Buch finden Sie über 900 tolle Tips und Tricks für den problemlosen Umgang mit Haushalt, Küche, Kindern, Garten, Auto, Hund und Katze. Neben einer großen Zahl von überlieferten »Geheimrezepten« aus Großmutters Schatzkästlein bietet dieses Buch viele neue Tips und Anregungen für Hausfrauen, Mütter, Väter, Bastler und Hobbygärtner. Wußten Sie zum Beispiel schon, warum das Betreten des Rasens durchaus erwünscht sein kann? Warum vor Waldhumusboden gewarnt werden muß? Warum trockene Weine mit Recht empfohlen werden? Oder warum man eine Küche niemals rosa streichen sollte? Hier finden sie die verblüffenden Antworten – nach Themengebieten geordnet und mit Hilfe eines umfangreichen Registers leicht aufzufinden.

So wird der Haushalt zum Kinderspiel – viel Spaß und Erfolg!

✥
✥
✥   Biotips sind wie hier
✥   gekennzeichnet
✥
✥

Rund um die Küche 9
    Suppen 31
    Obst, Salat, Gemüse 36
    Milch, Quark, Käse, Eier 60
    Fische und Meeresfrüchte 70
    Fleisch und Geflügel 77
    Backen 88

Rund um den Haushalt 103
    Blitzblanke Küche 104
    Hausputz 114
    Nähen und Stricken 136
    Weg mit den Flecken 147
    Wäsche und Schuhe 154

Der Garten drinnen und draußen 165
    Balkon- und Zimmerpflanzen 166
    Der Ziergarten 177
    Der Nutzgarten 195

Alle meine Kinder 217

Gesundheit und Schönheit 241

Die lieben Tiere 281

Do it yourself 293

Rund um's Auto 321

Feste feiern 341

Allerlei tolle Tips und Tricks 355

Sachregister 383

Rund um die Küche

Rund um die Küche

Die richtige Temperatur für das Fett
Halten Sie einen trockenen Holzlöffelstiel in das Fett. Schäumen rundherum kleine Bläschen auf, dann hat das Fett die richtige Temperatur. Der Braten kann hinein.

Damit das Fett nicht spritzt
Streuen Sie vor dem Braten etwas Mehl oder Salz in die Pfanne, dann spritzt das heiße Fett nicht.

Kein Fett in den Ausguß
Schütten Sie niemals Fettreste oder Altöl in den Ausguß. Denn schon ein Liter Fett verunreinigt eine Million Liter Trinkwasser!

Rund um die Küche

Heißes Fett verschüttet?
Schnell eiskaltes Wasser darübergießen. Dadurch erstarrt das Fett und kann ganz leicht abgehoben werden.

Damit es nicht überkocht
Legen Sie zwischen Topf und Deckel einen großen Kochlöffel, damit verhindern Sie das Überkochen. Sie können aber auch etwas Butter oder Öl ins Wasser geben, und die Nudeln oder der Reis kochen nicht mehr über.

Achtung Wasserdampf
Bevor Sie heißes Kochwasser abgießen, sollten Sie die Spüle mit kaltem Wasser füllen. So verbrühen Sie sich nicht die Hände, wenn die heißen Dämpfe aufsteigen.

Eine Prise Salz, damit es süßer schmeckt
Wenn der Eigengeschmack noch verstärkt werden soll, dann geben Sie an süße Speisen eine Prise Salz. An salzige Gerichte geben Sie eine Prise Zucker.

Tips für versalzene Speisen
Etwas Zucker zugeben. Oder noch besser: Zwei

Rund um die Küche

Teelöffel Obstessig mit einem Teelöffel Zucker mischen und langsam dem Kochgut zugeben, bis sich der Salzgeschmack neutralisiert hat.

Bei klaren Suppen ein rohes Eiweiß hineingeben und nach einiger Zeit wieder herausnehmen. Das geronnene Eiweiß wirkt wie ein Schwamm, der einen großen Teil des Salzes aufgenommen hat.

Keine Reste im Joghurtbecher
Stechen Sie kurz mit dem Messer in den Becherboden des Joghurts. Der Joghurt läßt sich dann ohne Rest problemlos aus dem Becher stürzen.

Reis im Bett
Kochen Sie Reis nur 8-10 Minuten und wickeln dann den Topf dick in Zeitungspapier ein. Evtl. noch eine Wolldecke herumwickeln und den Reistopf zum Ausgaren ins Bett unter die Bettdecke stellen. Diese Methode ist auch zum Warmhalten für mehrere Stunden geeignet.

Geronnene Sauce Hollandaise
Nachdem Sie die Sauce vom Herd genommen haben, schlagen Sie tropfenweise einen Teelöffel heißes Wasser darunter. Nicht noch einmal erhitzen. Sie können die Sauce aber auch im Wasserbad mit einem Teelöffel saurem Rahm so lange rühren, bis sie glatt ist.

Bratäpfel
Schneiden Sie die Äpfel rundherum ein, bevor Sie sie backen. Die Bratäpfel schrumpfen dann nicht.

Kartoffelpuffer
Kartoffelpuffer aus der Tüte verbessert man mit einer frisch geriebenen Kartoffel und einer Zwiebel. Das ist sehr viel müheloser und schmeckt

Rund um die Küche

doch »wie selbstgemacht.«

Kartoffelpuffer sind leichter verdaulich, wenn dem Teig ein wenig Backpulver beigefügt wird.

Stäbchen-Diät
Wollen Sie weniger essen? Essen Sie doch eine Zeitlang mit chinesischen Eßstäbchen. Sie werden sicherlich weniger Kalorien zu sich nehmen.

Aufgeputzter Essig
Stellen Sie einen Zweig Estragon in einfachen Essig. Lassen Sie ihn in der Flasche, bis der Essig verbraucht ist. Es sieht hübsch aus und verfeinert den Essig erheblich.

Rund um die Küche

Klares Speiseöl
Geben Sie eine Prise Salz an Ihr Speiseöl. Es bleibt dann klar und wird nicht dickflüssig.

Rosinen für schalen Sekt
Das ist Ihnen sicher auch schon passiert: Der Sekt ist schal geworden, und man weiß nicht, was man damit machen soll. Wenn Ihnen das wieder einmal passiert, dann werfen Sie eine Rosine in die Sektflasche. Durch den Zuckergehalt wird erneut Kohlensäure erzeugt, der Geschmack aber bleibt unverändert.

Öl mag es dunkel
Bewahren Sie Öl niemals im Kühlschrank auf, der Geschmack leidet zu sehr. Der beste Platz für das Öl ist ein dunkler Ort bei mäßiger Temperatur. Auch die Flasche sollte dunkel sein.

Rund um die Küche

Schmackhafte Rotwein-Beize
Mischen Sie Rotwein-Beize mit etwas Cognac, zerdrückten Wacholderbeeren, zwei Lorbeerblättern, Zwiebeln, Nelken, Pfefferkörnern, Zitronensaft und Orangenstückchen. Sie werden sicherlich ganz begeistert sein.

Zwiebelringe – braun und knusprig
Wälzen Sie Zwiebelringe vor dem Braten in etwas Mehl. Beim Braten werden sie dann schön braun und appetitlich knusprig.

Perfekt gekochte Nudeln oder Spaghetti
Salzwasser mit etwas Butter oder Öl zum Kochen

bringen, Spaghetti unter Rühren hineingeben. Deckel darauf und die Kochplatte ausschalten.

Ca. 15 Minuten ziehen lassen, bis die Spaghetti gar (al dente) sind.

Würzen ohne Salz
Besonders wenn man unter hohem Blutdruck leidet, sollte man mit Salz sehr sparsam umgehen. Mischen Sie sich selber eine salzlose Kräutermischung.

Nehmen Sie jeweils 2½ Teelöffel Paprika-, Knoblauch- und Senfpulver, 5 Teelöffel Zwiebelpulver und ½ Teelöffel gemahlenen schwarzen Pfeffer. Geben Sie die Mischung in einen Streuer, und Sie haben Ihre Würze immer zur Hand.

Kein klumpiges Salz
Salz zieht immer Wasser an. Und damit das Salz im Salzstreuer nicht so schnell zusammenklumpt, geben Sie einige Körnchen Reis mit hinein.

Pfeffer
Ein paar Pfefferkörner im Pfefferstreuer verhindern das Verstopfen der Löcher und geben dem gemahlenen Pfeffer außerdem mehr Aroma.

Rund um die Küche

Lebensmittel immer gut verpacken
Damit Lebensmittel, die im Kühlschrank liegen, nicht so schnell austrocknen, sollten sie immer sorgfältig abgedeckt sein. Dadurch kann auch kein muffiger Geruch entstehen, und die verschiedenen Gerüche können sich nicht übertragen.

❦ Umweltbewußt Einkaufen
- ❦ Nehmen Sie zum Einkaufen eine Tasche oder
- ❦ einen Korb mit, statt sich Plastiktüten geben
- ❦ zu lassen.

❦ Marke »neuform«
- ❦ Reformhaus-Produkte mit dem Warenzeichen

Rund um die Küche

- »neuform« sind zu empfehlen, weil sie regelmäßig kontrolliert werden und die strengen Schadstoffgrenzwerte einhalten.

Süßer Duft gegen Kochdünste

Lassen Sie auf dem Herd einen Topf mit Zimt und Zucker etwas warm werden. Wenn Ihre Gäste eintreffen, duftet es sehr angenehm und die Kochdünste werden überdeckt.

- ***Keine plastikverpackten Lebensmittel kaufen***
- Kaufen Sie möglichst keine plastikverpackten Lebensmittel, die auch frisch angeboten werden (Fleisch, Wurst, Käse usw.). Plastikverpackungen enthalten immer noch viele Schadstoffe. Frischfleisch, das in Plastikfolie verpackt ist, sollte auf jeden Fall sofort nach dem Kauf ausgepackt werden.

Omas Messer ist das beste

Haben Sie ein gutes, aber nicht rostfreies Messer, das Sie nicht missen wollen? Streuen Sie Scheuerpulver auf einen leicht angefeuchteten Korken, und reiben Sie die Klinge kräftig damit ab. Danach wird alles wieder glänzen.

Rund um die Küche

Buchhaltung in der Gefriertruhe
Beschriften und datieren Sie das Eingefrorene, denn »ewig« soll es ja nicht in der Gefriertruhe bleiben; außerdem kann man nach einer Weile kaum noch Rosenkohl von grünen Stachelbeeren unterscheiden, wenn es nicht darauf vermerkt ist.

Lieber keinen Frostpelz
Tiefkühlware mit einem Frostpelz war mit Sicherheit schon einmal an- oder aufgetaut. Hände weg — auch vor den verlockendsten Angeboten.

Kontrolle für die Gefriertruhe
Wenn Sie in Urlaub fahren, dann legen Sie einen

Rund um die Küche

Beutel mit Eiswürfeln in die Gefriertruhe. Sind die Eiswürfel nach Ihrer Rückkehr deformiert, müssen Sie sich auf die Suche nach dem Fehler machen. Vorsicht vor verdorbenen Lebensmitteln.

Stecker raus im Urlaub
Wenn sie verreisen, dann ziehen Sie den Stecker Ihres Kühlschrankes heraus. Das Eisfach lassen Sie abtauen und wischen den gesamten Innenraum mit Essig aus. Die Tür lassen Sie während Ihrer Abwesenheit offen stehen, dann kann es nicht muffig riechen.

Puder für die Gummidichtung
Reiben Sie die Gummidichtung an der Kühlschranktür ab und zu mit etwas Talkum-Puder ein, damit sie geschmeidig bleibt. Der Gummi wird sonst brüchig, und die Kühlschranktür schließt nicht mehr richtig. Es wird mehr Energie verbraucht als notwendig.

- *Der richtige Standort für den*
- *Kühlschrank*
- Überprüfen Sie den Standort Ihres Kühl-
- schranks. Er gehört in die kälteste Ecke der

Rund um die Küche

- Küche, auf keinen Fall aber neben den Herd
- oder gar die Heizung. Achten Sie auch darauf,
- daß der Kühlschrank im Sommer nicht von
- der Sonne beschienen wird! Wenn Sie keinen
- günstigeren Standort finden, isolieren Sie die
- Seite des Geräts, die der Wärme ausgesetzt
- ist, mit Isoliermaterialien (zum Beispiel Styropor)!

Kühlschranktür schließen
Schließen Sie die Tür Ihres Kühlschrankes immer gleich wieder, damit er nicht unnötig aufgeheizt wird.

Rund um die Küche

Kühlschrank-Strategie
Frisches Obst und Gemüse nie in verschlossenen Tüten oder Dosen in den Kühlschrank stellen. So verderben pflanzliche Stoffe schneller, weil die Fäulnisgase nicht entweichen können. Verwenden Sie durchlöcherte Beutel.

Natron – doppelt genutzt
Den Inhalt eines 50 g-Beutels Natron streut man auf eine Untertasse und stellt diese in den Kühlschrank. Schlechte Gerüche werden damit vertrieben. Nach einiger Zeit auswechseln. Das gebrauchte Natron schütten Sie in den Abfluß, auch dort werden die schlechten Gerüche unterbunden.

Butter einfrieren
Butter kann über mehrere Monate gefroren aufbewahrt werden, wenn sie luftdicht verschlossen wird.

Nichts Heißes in den Kühlschrank
Bringen Sie alle Speisen auf Zimmertemperatur, bevor Sie sie in den Kühlschrank stellen. Ansonsten vereist Ihr Verdampfer viel zu schnell, und der Stromverbrauch wird unnötig erhöht.

Rund um die Küche

Sahne (Rahm) einfrieren
Schlagsahne im Originalbehälter läßt sich bestens einfrieren, wenn zwischen Inhalt und Deckel noch etwa 1 cm »Luft« ist.

Tüten als Trichter
Eine Spitztüte, der man die Spitze abgeschnitten hat, kann man vorzüglich als Trichter für Salz, Zucker oder Mehl verwenden, wenn man diese in enge Gefäße umfüllen möchte. Für Flüssigkeiten nimmt man eine saubere Plastiktüte.

🌱 Sparen beim Wasserkochen
🌱 Kochendes Wasser für Tee oder andere heiße

❧ Getränke sollten Sie mit dem Blitzkocher
❧ oder einem Kochwasserbehälter und nicht
❧ auf dem Herd kochen. Sie sparen damit sehr
❧ viel Strom.

Steife Schlagsahne
Wird die Schlagsahne nicht steif, dann fügen Sie während des Schlagens ein paar Tropfen Zitronensaft hinzu. Süßen sollten Sie die Sahne erst ganz zum Schluß mit Puder- oder einem Päckchen Vanillezucker.

Man kann statt des Zitronensaftes auch Eiweiß druntermischen, welches aber kühl sein muß, bevor man es steif schlägt.

Gekochter Pudding ohne Haut
Sofort nach dem Kochen des Puddings streichen Sie eine dünne Schicht zerlassener Butter oder Sahne auf. Mit dem Schneebesen leicht unterschlagen und es kann sich keine Haut bilden.

Keine angebrannte Milch
Spülen Sie den Milchtopf mit Wasser aus, bevor Sie Milch einfüllen. Sie kann dann nicht mehr anbrennen.

Rund um die Küche

Gläser – ohne Sprung gefüllt
Wenn Sie Heißes in Gläser zu füllen haben, gelingt das mit einem Trick, ohne daß das Glas zerspringt. Legen Sie ein nasses Tuch unter die Gläser. Wenn Sie heiße Getränke einfüllen (z.B. Grog), muß immer ein silberner Löffel im Glas sein.

Gläser öffnen
Drehen Sie das Glas auf den Kopf und schlagen mit der flachen Hand auf den Boden. Eventuell wiederholen. Die meisten Gläser lassen sich dann problemlos öffnen.

Rund um die Küche

Klopfen Sie mal an
Cola- oder Limonadendosen haben die Eigenschaft überzuschäumen, wenn man sie öffnet. Bevor Sie den Nippel hochziehen, klopfen Sie mit dem Fingernagel ein paar Mal drauf. Ob Sie es glauben oder nicht, selbst wenn Sie die Dose vorher schütteln, es spritzt nicht ein Tropfen über.

Kaffee bleibt länger frisch
Kaffeebohnen und auch gemahlener Kaffee bleiben im Kühlschrank oder Gefrierfach länger frisch.

Wenn das Brot ausgetrocknet ist
Wickeln Sie das ausgetrocknete Brot in ein feuchtes Tuch und legen es 24 Stunden in den Kühlschrank. Danach entfernen Sie das Tuch und backen das Brot einige Minuten im vorgeheizten Ofen auf. Es ist wieder wie frisch.

Immer frisches Brot
Brot — auch selbstgebackenes — läßt sich hervorragend einfrieren. So haben Sie stets einen Vorrat an frischem Brot im Haus. Das gilt auch für Semmeln bzw. Brötchen.

Rund um die Küche

Feinster Mokka
Ein besonderes Kaffeearoma bekommt man mit einem Stückchen Schokolade oder einer Vanilleschote, die man mit im Filter überbrüht.

Butter geschmeidig machen
Zu harte Butter wird schnell streichfähig, wenn man eine heiße Pfanne kurz über die Butterdose stülpt.
Braucht man weiche Butter für einen Teig, raspelt man sie in die Schüssel, und sie läßt sich sofort verrühren.

Rund um die Küche

Mehr Spaß beim Essen
Gibt es bei Ihnen Eier- oder Thunfischsalat, dann füllen Sie ihn doch mal in Eiscremetüten. Nicht nur den Kindern macht das Essen gleich viel mehr Spaß.

Wenn die Nudelrolle fehlt
Befreien Sie eine schlanke, möglichst zylindrische Flasche von den Aufklebern. Füllen Sie sie mit kaltem Wasser und schon haben Sie eine Nudelrolle.

Schutz für die Rezepte
Damit Kochbücher oder Rezepte keine Spritzer beim Kochen abbekommen, legen Sie den Deckel einer Auflaufform aus Glas darüber. Der Glasdeckel wirkt gleichzeitig wie eine Lupe.

Rezeptkarten präparieren
Spritzer auf Rezeptkarten lassen sich schnell wieder abwischen, wenn Sie die Karte vorher mit Haarspray präpariert oder mit Klarsichtfolie überzogen haben.

Das erweiterte Kochbuch
Ein Briefumschlag, auf die Innenseite des Koch-

Rund um die Küche

buchdeckels geklebt, bietet eine gute Möglichkeit, lose Rezepte oder Zeitungsausschnitte aufzubewahren.

Alles griffbereit
Bringen Sie eine Wäscheklammer an dem Küchenhängeschrank an. Dort können Sie Ihre Einkaufs- oder Spickzettel, Rezepte o. ä. anklemmen.

Rezepte schnell zur Hand
Klemmen Sie Ihr ausgeschnittenes Rezept oder die Rezeptkarte zwischen die Zinken einer Gabel und stellen sie in einen Becher. So haben Sie Ihr Rezept übersichtlich und sauber zur Hand.

Suppen

Erbsensuppe mit Brot
Kochen Sie immer ein Stückchen Brot mit, wenn Sie eine Erbsensuppe kochen. Die Erbsen sinken nicht zu Boden und die Suppe kann nicht anbrennen.

Keine Klumpen in der Suppe
Lassen Sie die benötigte Gries- oder Mehlmenge für Ihre Suppe durch einen Trichter laufen. Ihre Suppe wird schön glatt und klumpt nicht.

Schöne Farbe für die Fleischbrühe
Braten Sie die Knochen für die Fleischbrühe vor dem Kochen gut an. Sie erhält dann eine schöne

Rund um die Küche

dunkelbraune Farbe. Außerdem ist in den Knochen Gelatine enthalten, die die Bratensoße oder Fleischbrühe andickt. Die beste Gelierkraft haben Kalbsknochen.

Blasse Fleischbrühe
Damit die Fleischbrühe etwas dunkler wird, setzen Sie ein paar gebräunte Zwiebelschalen zu. Die Brühe erhält dadurch eine goldgelbe Farbe.

Suppenwürze
Von der glatten Petersilie lassen sich die Wurzeln sehr gut als Würze für die Suppe nutzen. Sie sind sehr aromatisch.

Suppen

Die Suppenwürze aus dem Tee-Ei
Wenn Sie Ihre Gewürze in ein Tee-Ei geben, können Sie dieses nach Fertigstellung des Gerichts ganz einfach wieder herausnehmen. Z.B. Lorbeerblätter oder Nelken, die man ja auch nicht mitißt, muß man nicht lange suchen.

Brühwürfel
Kochen Sie Brühwürfel niemals mit, da sie sonst ihr Aroma verlieren. Die Brühwürfel sollen der heißen Flüssigkeit nur zugesetzt werden.

Resteverwertung
Wenn Sie Brühe übrig haben, garen Sie doch mal Ihre Nudeln, Reis oder Gemüse darin. Es verfeinert Ihre Speisen sehr.

Geflügelsuppe mit zartem Fleisch
Wenn das Geflügel schön saftig bleiben soll, geben Sie es in das kochende Wasser, weil sich dann die Poren sofort schließen. Soll der Fleischsaft aber mehr in die Suppe ziehen, so setzen Sie das Fleisch in kaltem Wasser auf.

Feine Tomatensuppe
Verfeinern Sie Ihre Tomatensuppe mit Milch oder

Rund um die Küche

Sahne. Gießen Sie die Suppe in die Sahne und nicht umgekehrt, da sie sonst leicht gerinnt.

Suppenklößchen
Die Masse für die Suppenklößchen löst sich viel einfacher vom Löffel, wenn Sie ihn jedes Mal kurz in kaltes Wasser tauchen.

Ochsenschwanzsuppe
Wegen der langen Garzeit sollten Sie Ochsenschwanzsuppe unbedingt in einem Schnellkochtopf schmoren. Außerdem sollten Sie darauf achten, daß der Metzger Ihnen nur Stücke von einem Ochsenschwanz gibt. Ansonsten sind die Garzei-

Suppen

---

ten evtl. sehr unterschiedlich, wegen der unterschiedlichen Altersklassen.

Knochenbrühe
Knochen für Brühe immer in kaltem, leicht gesalzenem Wasser aufsetzen.

Vorher ausgelöste Knochen von Koteletts, Braten oder Huhn nicht wegwerfen. Entweder gleich für eine Suppe auskochen oder einfrieren und sammeln; später für Brühe oder Eintopf verwenden.

Klar wie Kloßbrühe
Zwei bis drei Eierschalen lassen Sie ca. zehn Minuten in der Knochenbrühe mitkochen und die Brühe wird klar. Sie können die fertig gekochte Brühe aber auch durch einen Kaffeefilter oder ein Haarsieb gießen, das hat die gleiche Wirkung.

Obst, Salat, Gemüse

Dünnschaliges Obst – im Nu geschält
Obst mit dünner Schale läßt sich ganz leicht schälen. Legen Sie z. B. die Pfirsiche oder Nektarinen in eine Schüssel und übergießen das Obst mit heißem Wasser. Etwa eine Minute stehen lassen, dann läßt sich die Haut ganz leicht mit dem Messer abziehen.

Reife Birnen
Sind die Birnen noch nicht reif, so helfen Sie doch einfach ein bißchen nach. Legen Sie die Birnen mit einem reifen Apfel zusammen in eine braune Obsttüte. Die verschlossene Tüte stechen Sie an einigen Stellen ein. Der Reifeprozeß der Birnen

Obst, Salat, Gemüse

wird durch Ethylengas angeregt, welches der reife Apfel entwickelt. Der Trick mit dem reifen Apfel ist auch für Tomaten und Pfirsiche anwendbar.

Kein braunes Obst
Wenn Sie Obst im voraus schneiden, verfärbt es sich ganz schnell braun. Lösen Sie zwei Vitamin-C-Tabletten (Ascorbinsäure) oder ca. einen halben Teelöffel Pulver in einer Schüssel mit kaltem Wasser auf. Legen Sie da das frisch geschnittene Obst hinein. So wird es nicht braun. Sie können auch zwei bis drei Teelöffel Zitronensaft in das Wasser geben.

Trockene Beeren
Bevor Sie Beeren kaufen, prüfen Sie, ob das Körbchen nicht durchgeweicht ist. Der Behälter muß trocken sein, ansonsten können Sie davon ausgehen, daß zumindest die unteren Beeren zerdrückt sind. Angestoßene und faule Beeren müssen sofort aussortiert werden, weil sie sonst die gesunden im Nu anstecken.

Frische Ananas verhindern das Gelieren
Nehmen Sie für Süßspeisen, die mit Gelatine

Rund um die Küche

hergestellt werden, niemals frische Ananas. Entweder Sie dünsten sie fünf Minuten, oder Sie greifen auf Dosenfrüchte zurück. Die frische Frucht enthält Enzyme, die das Gelieren verhindern.

Ananas im Nu geschält
Oben und unten eine dicke Scheibe abschneiden. Ananas hinstellen und die Schale von oben nach unten abschneiden. Dann das Fruchtfleisch in Scheiben oder Würfel schneiden.

Keine matschigen Erdbeeren
Erdbeeren immer erst waschen, dann putzen. Sie

saugen sonst zuviel Wasser auf und werden matschig.

Grapefruit (Pampelmuse)
Die Dicke der Schale, nicht deren Farbe, sagt etwas über die Qualität der Frucht aus. Dünnschalige Früchte sind meistens saftiger als dickschalige. Früchte mit dicker Schale laufen gewöhnlich am Stielende spitz zu und sehen rauh und runzelig aus.

Blaubeeren (Heidelbeeren)
Nicht waschen! So, wie sie sind, in Beutel oder Gefrierbehälter füllen. Sie werden ihr Aussehen, Aroma und ihre Form bewahren.

Kalte Bananen
Bewahren Sie reife Bananen im Kühlschrank auf, der Reifeprozeß wird dadurch verzögert. Durch die Kälte verfärbt sich die Schale zwar braun, aber die Frucht bleibt davon unbeeinflußt.

Überreife Bananen
Zerdrücken Sie überreife Bananen zu einem Brei und geben etwas Zitronensaft dazu. Frieren Sie

Rund um die Küche

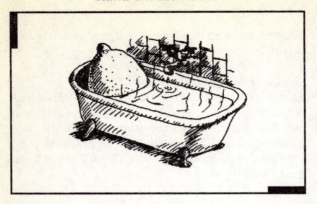

den Bananenbrei ein. Sie können ihn später gut für Nachspeisen oder Speiseeis verwenden.

Reife Honigmelonen
Reife Honigmelonen sind gelbgrün bis blaßgelb. Auf keinen Fall sollten sie grün sein, dann sind sie auf jeden Fall noch unreif. Sie können sie auch schütteln. Ist die Melone reif, dann hört man innen die Samen rasseln. Außerdem duftet die reife Frucht sehr lecker.

Apfelkompott mit Pfiff
Wenn Sie selber Apfelkompott kochen, dann schneiden Sie eine Quitte darunter. Das Kompott

erhält dadurch eine ganz neue Note.

Reifetest für Wassermelonen
Bei Wassermelonen können Sie schon am Ton feststellen, ob sie reif sind. Schnalzen Sie mit Daumen und Mittelfinger gegen die Melone. Wenn sie hell klingt und »ping« macht, ist sie unreif. Ist der Klang aber tief und voll und macht »pong«, dann ist sie gut reif, und gerade richtig zum Essen.

Ein Bad für Zitronen
Legen Sie ungespritzte Zitronen ca. 10 Minuten in heißes Wasser. Sie erhalten dann fast die doppelte Saftmenge.

Frische Zitronen
Frische Zitronen haben eine schön glänzende Schale. Sind sie schon älter, ist die Schale matt.

Saftige Zitronen
Zitronen mit glatter Schale und weitgehend runder Form sind saftiger und aromatischer, weil sie ausgereift sind. Ungespritzte Zitronen, die 15 Minuten in heißes Wasser gelegt werden, ergeben fast die doppelte Saftmenge.

Rund um die Küche

Ein Spritzer Zitronensaft
Manchmal braucht man nur einen Spritzer Zitronensaft. Um nicht gleich die ganze Frucht aufzuschneiden, stechen Sie sie mit dem Zahnstocher an.

Das ist ausreichend, denn die Zitrone trocknet dann nicht so schnell aus.

Eingefrorene Beeren behalten die Form
Friert man kleines Obst, wie z. B. Kirschen, Himbeeren oder Erdbeeren ein, ist es nicht sehr schön, wenn sie zu einem Klumpen gefrieren. Verteilen Sie sie lose auf einem Backblech und lassen sie die Beeren schockgefrieren. Anschlie-

Obst, Salat, Gemüse

ßend in Behälter füllen, luftdicht verschließen und in die Gefriertruhe legen.

Kokosnüsse öffnen
Am besten mit einem kräftigen Korkenzieher oder einem Handbohrer an den »Augen« öffnen, damit die Milch herausfließen kann.

Kokosnuß-Schalen
Wenn man die Schalen (zum Basteln oder Musizieren) verwenden möchte, sägt man die Nuß in der Längsachse so ein, daß nur die Schale eingeschnitten ist. Mit einem Hammer schlägt man dann behutsam nacheinander auf beide Hälften, und innen löst sich der Kern von der Schale.

Salatdressing mit Pfiff
Wenn Sie Ihren Salat verfeinern wollen, nehmen Sie ein Päckchen Roquefort oder anderen Edelpilzkäse. Im gefrorenen Zustand läßt er sich leicht mit dem Messer abschaben.

Aufgefrischter Salat
Wenn der Salat schon seine Blätter hängen läßt, dann geben Sie etwas Zitronensaft in eine Schüs-

Rund um die Küche

sel mit kaltem Wasser. Legen sie den Salat hinein und stellen die Schüssel für ca. eine halbe Stunde in den Kühlschrank. Der Salat sieht wieder viel appetitlicher aus.

Damit der Salat länger frisch bleibt
Wickeln Sie Kopf-, bzw. Blattsalat in ein Küchenkrepp oder in ein feuchtes Geschirrhandtuch und legen ihn dann in das Gemüsefach des Kühlschranks. So hält er viel länger frisch.

Rapunzel mag es warm
Rapunzel oder auch Feldsalat wird in handwarmes Wasser gelegt, wenn er welk geworden ist.

Obst, Salat, Gemüse

Frischer Salat

Servieren Sie frischen Salat getrennt von der Marinade. Jeder kann sich dann seinen Salat am Tisch je nach Geschmack selber mischen. Und sollte es Reste geben, dann lassen sie sich voneinander getrennt viel besser aufbewahren.

Knackige Radieschen

Radieschen, die schon etwas welk geworden sind, legen Sie in kaltes Wasser. Aber nicht die Knollen, sondern mit den Blättern nach unten.

Besseres Aroma durch Schnittlauch

Wenn Sie verschiedene frische Kräuter für ein Gericht brauchen, dann nehmen Sie vor allem viel Schnittlauch. Das Aroma der anderen Kräuter wird dadurch viel stärker entfaltet.

Herzhafter Schnittlauch

Pflanzen Sie eine normale Zwiebel in einen Blumentopf. Die Zwiebel treibt zu jeder Jahreszeit bald aus, und die Triebe können wie Schnittlauch verwendet werden. Sie schmecken besonders herzhaft.

Rund um die Küche

Eine Portion Petersilie
Frieren Sie gehackte Petersilie mit wenig Wasser im Eiswürfelbehälter ein. Danach bewahren Sie die Würfel im Gefrierbeutel auf und haben so jederzeit für Suppen oder Eintöpfe die fertige Portion bereit.

Petersilie richtig aufbewahren
Achten Sie drauf, daß Sie Petersilie niemals in der Nähe oder zusammen mit Äpfeln oder Tomaten aufbewahren oder lagern. Sie fault oder vergilbt sehr rasch.

Obst, Salat, Gemüse

Belebende Petersilie
Frische Petersilie »belebt« getrocknete Kräuter! Die Frische geht auf die getrockneten Kräuter über und der Unterschied im Geschmack ist verblüffend. Gleiche Mengen frischer Petersilie mit getrocknetem Dill, Basilikum, Majoran oder Rosmarin o.ä. in ein verschließbares Glas geben und einige Stunden wirken lassen.

Gesunder Löwenzahn
Weniger Bitterstoffe als der wilde Löwenzahn enthalten die gebleichten Stiele des Zuchtlöwenzahns aus Frankreich (»Vollherziger«), dafür aber dreimal soviel Vitamin C wie normaler Kopfsalat, dazu Karotin, Mineralstoffe, Vitamin B_1 und B_2.

Gurkentopf – doppelt genutzt
Den Sud von eingelegten Gurken können Sie noch einmal benützen, um selbst einen Gurkentopf herzustellen.
Schichten Sie in Scheiben geschnittene Salatgurken und Zwiebelringe hinein. Verschließen Sie das Glas ganz fest und stellen es einige Tage in den Kühlschrank.

Rund um die Küche

Gewürz für den Kartoffelsalat
Schütten Sie den Essig von Einmachgurken nicht gleich weg. Er ist eine gute Würze für den Kartoffelsalat.

Knoblauch in Öl
Damit Knoblauchzehen nicht so leicht austrocknen, legt man sie geschält in Olivenöl. Ist der Vorrat aufgebraucht, wird das pikant aromatische Öl für Salate oder zum Kochen und Braten verwendet.

Zwiebeln ohne Tränen schneiden
Bevor Sie die Zwiebel schneiden, legen Sie sie

Obst, Salat, Gemüse

einige Zeit in den Kühlschrank. Das erspart Ihnen einige Tränen.

Oder schälen Sie sie unter fließendem, kaltem Wasser.

Oder atmen Sie durch den Mund – so, als hätten Sie Ihre Nase mit einer Wäscheklammer zugemacht.

Zwiebeln bleiben länger frisch
Zwiebeln, die einzeln in Folie eingewickelt werden, trocknen nicht aus, werden nicht weich und vor allem treiben sie nicht aus.

Dem Knoblauch die Schärfe genommen
Wenn man die grünen Triebe aus der Knoblauchzehe entfernt, verschwindet damit ein Teil seines intensiven Geruchs.

Gefrorenes Gemüse auftauen
Gefriergemüse verleiht man seinen frischen Geschmack wieder, wenn man es mit kochendem Wasser übergießt und damit alle Spuren des Gefrierwassers wegspült.

Keine Feuchtigkeit im Gemüsefach
Wenn Sie den Boden des Gemüsefachs im Kühl-

Rund um die Küche

schrank mit saugfähigem Küchenpapier auslegen, wird die Feuchtigkeit aufgesogen. Die Papiertücher sollten öfter gewechselt werden.

Bohnen (weiße)
Bohnenkerne am Vortag gut waschen und mit Wasser bedeckt einweichen. Die Kochzeit wird dadurch wesentlich verkürzt. Im Einweichwasser aufsetzen und langsam zum Kochen bringen. Erst kurz vor dem Anrichten salzen.

Zahnstocher-Test für Avocados
Stechen Sie am Stielende mit einem Zahnstocher hinein, wenn Sie testen wollen, ob die Frucht reif

Obst, Salat, Gemüse

---

ist. Avocados sind dann reif, wenn sich der Zahnstocher leicht reinstechen und auch leicht wieder herausziehen läßt.

Frisches Gemüse und Salate
Wickeln Sie Gemüse und Salate in Küchenkrepp ein, damit es sich länger frisch hält. Dann erst in den Kühlschrank oder an einem kühlen Ort lagern. Nehmen Sie niemals Zeitungspapier, denn die Druckerschwärze darf auf keinen Fall mit Lebensmitteln in Berührung kommen.

Karotten
Frische Karotten nie mit dem Kraut aufbewahren. Es entzieht der Wurzel die Feuchtigkeit und läßt sie schneller welk werden.

Will man die Karotten zum Kochen verwenden und möchte sich das Putzen erleichtern, legt man sie 5 Minuten lang in kochendes, danach gleich in eiskaltes Wasser. Durch die Temperaturschwankung löst sich die Haut ganz leicht von selbst ab.

Oder reiben Sie die Karotten mit einem sauberen Perlon-Kratzschwamm ab.

Rund um die Küche

Kartoffeln im Grill
Wickeln Sie ungeschälte, gut gereinigte Kartoffeln in Alufolie und legen Sie sie an den Rand der Holzkohlenglut. Nach etwa 40 Minuten haben Sie eine köstliche Beilage zu Ihrem Grill-Steak.

Tomaten verfeinern
Kochen Sie doch die Tomaten mal mit einer Prise Zucker. Der Geschmack verfeinert sich, Sie werden es bemerken!

Ganze Tomaten, die zum Dünsten vorgesehen sind, fallen nicht so leicht auseinander, wenn sie vorher vertikal eingeritzt wurden.

Obst, Salat, Gemüse

Tomaten haben weniger Kalorien
Tomatensaft hat nicht nur weniger Kalorien als Apfel- oder Orangensaft, er zügelt auch noch zusätzlich Ihren Appetit. Trinken Sie ihn also vor dem Essen.

Tomaten leicht geschält
Tomaten lassen sich leicht schälen, wenn Sie die Früchte in kochendes Wasser tauchen oder mit kochendem Wasser überbrühen.

Weißer Blumenkohl
Geben Sie etwas Milch oder Zucker mit ins Kochwasser, wenn Sie Blumenkohl kochen. Er bleibt dann schön weiß.

Blumenkohl ohne Schnecken
Legen Sie den Blumenkohl vor dem Kochen etwa ¼ Stunde in starkes Salz- oder Essigwasser. Schnecken und Insekten werden dadurch herausgeschwemmt.

Rotkohl (Blaukraut)
Rotkohl behält beim Kochen seine Farbe, wenn Sie einen Eßlöffel Essig dazugießen.

Oder kochen Sie einige Stückchen saurer Äpfel mit.

Rund um die Küche

Kohl ohne lästigen Geruch
Geben Sie ein paar Walnüsse mit in den Topf, wenn Sie das nächste mal Blumen- oder anderen Kohl kochen. Der unangenehme Kohlgeruch bleibt Ihnen erspart.

Grünkohl-Einkauf
Wenn Sie Grünkohl einkaufen, achten Sie darauf, daß die Blätter schön fest und tiefgrün sind. Gelbliche Blätter sind alt.

Erbsen
Frische Erbsen schmecken besser, wenn sie in der Schote gekocht werden. Außerdem erspart man

sich damit viel Arbeit, denn beim Kochen lösen sich die Erbsen selbst heraus, und die Schoten schwimmen oben.

Frische Erbsen verlieren beim Kochen ihre schöne grüne Farbe nicht, wenn Sie in das Kochwasser ein Stück Würfelzucker geben.

Ganze Walnußkerne
Wenn Sie Walnüsse im Ganzen aus der harten Schale bekommen möchten, legen Sie sie vor dem Knacken etwa 24 Stunden in Wasser.

Eßkastanien schälen
Die Schale der Eßkastanien wird an der flachen Seite mit einem scharfen Messer kreuzweise angeschnitten. Anschließend die Kastanien etwa 10 Minuten in Wasser aufkochen. Wasser abgießen und die Kastanien abkühlen lassen. Jetzt lassen sich Schale und Haut leicht abziehen.

Auberginen schälen – oder nicht?
Eine gute Faustregel: Wenn die Auberginen binnen kurzer Zeit fertig gedünstet sein sollen, schäle man sie vorher.

Andernfalls, wenn es nicht eilt, ist Schälen nicht nötig.

Rund um die Küche

Die Kunst, Spargel zu schälen
Spargel schälen ist eine schwierige Sache. Aber wenn Sie sich merken: dünn am Kopf und zum Schnittende dicker schälen, dann ist es etwas einfacher. Schneiden Sie zuletzt das holzige Stielende ab.

Spargel frisch und knackig
Bevor Sie Spargel schälen, sollten Sie dieses feine Gemüse mindestens eine Stunde in kaltes Wasser legen. Dadurch werden Spargel — auch wenn sie schon ein paar Tage vorher geerntet wurden — wieder ganz frisch und knackig.

Obst, Salat, Gemüse

Saubere Hände beim Putzen der Schwarzwurzeln
Damit die Hände sauber bleiben, ist es zweckmäßiger, die Schwarzwurzeln erst nach dem Kochen zu putzen.

Überbackenes Gemüse
Gemüse, das noch überbacken werden soll, darf nicht zu lange gegart werden. Das Gemüse ist sonst zum Schluß viel zu weich.

Keine grünen Kartoffeln
Sie sollten immer nur ausgereifte Kartoffeln essen. Sind die Kartoffeln noch grün, wurden sie meist falsch gelagert. Kartoffeln müssen dunkel lagern. In den grünen Kartoffeln, ebenso wie in der grünen Schale und in den Keimen ist das stark giftige Solanin enthalten. Auch wenn sie nur leicht grünlich sind, sparen Sie nicht am falschen Fleck, und werfen die Kartoffeln in den Müll.

Gebackene Kartoffeln
Waschen Sie die ungeschälten Kartoffeln ganz gründlich und streichen Sie sie mit Butter ein, bevor sie in den Backofen kommen. Sie können

Rund um die Küche

sie auch mit einer Speckschwarte einreiben, das gibt eine etwas deftigere Geschmacksnote. Es schmeckt nicht nur besser, die Kartoffeln platzen auch nicht so leicht.

Gemüse in der Mikrowelle
Wenn Sie das Gemüse in der Mikrowelle zubereiten, sollten Sie gleich große Gemüsestücke nehmen. Dann werden Sie auch gleichmäßig gar.

Kartoffelbrei
Ein sehr steif geschlagenes Eiweiß, leicht unter den Kartoffelbrei gehoben, verbessert sowohl sein Aussehen als auch den Geschmack. Zwei Eßlöffel

Obst, Salat, Gemüse

geriebenen Käse unter den Kartoffelbrei gerührt, macht dieses Gericht besonders delikat.

Reis
Schneeweißen Reis bekommen Sie, wenn Sie einige Tropfen Zitronensaft ins Kochwasser geben.

Rund um die Küche

Milch, Quark, Käse, Eier

Haltbare Milch
H-Milch ist zwar nichts für Feinschmecker, denn die verwenden nur Frischmilch. Aber für Notfälle ist sie natürlich sehr nützlich. Allerdings sollten Sie immer darauf achten, daß die Verpackung nicht angestoßen oder geknickt ist. Die Packungen könnten feine Risse haben, durch die Keime ins Innere dringen können. Auf diese Weise hätten Bakterien jeder Art einen günstigen Nährboden in der H-Milch.

Kondensmilch
Milch in Dosen muß nach dem Öffnen unbedingt in einen Glas- oder Porzellanbehälter umgefüllt

werden. Die Metalle können sich unter Lufteinwirkung mit der Milch verbinden. Auch sollten Sie darauf achten, daß Konservendosen niemals Beulen haben.

Zucker in die Käseglocke
Legen Sie ein Stück Würfelzucker mit unter die Käseglocke. Der Käse bleibt länger frisch und schimmelt auch nicht so leicht.

Reibekäse
Sie können hart gewordenen Käse gut als Reibekäse hernehmen. Für Nudelgerichte oder Soßen, etc. eignet er sich hervorragend.

Hartkäse
Schnittkäse wird im Kühlschrank leicht hart. Wenn Sie ihn in Buttermilch legen, wird der Käse wieder ganz frisch.

Käseschäler
Haben Sie nur kleine Mengen Käse zu reiben, nehmen Sie doch den Kartoffelschäler.

Wenn der Käse zu frisch zum Reiben ist
Käse läßt sich nur schwer reiben, wenn er ganz

Rund um die Küche

frisch ist. Außerdem verklebt die Reibe sehr stark. Legen Sie den Käse einfach einige Zeit ins Gefrierfach. Er läßt sich dann wunderbar reiben.

Feine Soße mit Käse
Wenn es schnell gehen, aber der Geschmack nicht zu kurz kommen soll, probieren Sie doch einmal folgendes Rezept aus: Eine Büchse passierte Tomaten (250 g), einen Becher Sahne (100 g) und ca. 100 g geriebenen Emmentaler Käse. Wer es lieber deftiger mag, kann auch z. B. Gorgonzola nehmen.

Alles zusammen in einem Topf erhitzen und mit Salz, Pfeffer und einer Prise Zucker abschmek-

Milch, Quark, Käse, Eier

ken. Es schmeckt sehr lecker, z.B. zu Kalbfleisch, Nudeln etc.

Damit der Käse frisch bleibt
Wickeln Sie Hartkäse in ein mit Weinessig getränktes Tuch. Der Geschmack und die Frische bleiben erhalten.

Käsemesser
Mit einem stumpfen Messer können Sie Käse viel besser schneiden. Ist das Messer auch noch angewärmt , schneidet es den Käse wie Butter.

Quark-Reserve
Sie können Quark auch sehr gut einfrieren. Da können Sie sich immer einen Vorrat halten, falls mal überraschend Gäste kommen, z.B. für Kräuter- oder Obstquark. Allerdings wird der Geschmack ein klein wenig beeinträchtigt. Wenn die Packung angebrochen ist, muß sie sehr schnell verbraucht werden.

Der Quark steht Kopf
Stellen Sie die ungeöffneten Quarkpackungen immer umgekehrt in den Kühlschrank. Die Oberfläche sieht appetitlicher aus nach dem Öffnen.

Rund um die Küche

Quark für die Frikadellen
Frikadellen werden besonders saftig, wenn Sie einen Teelöffel Quark in die Mitte geben. Außerdem bringt es eine pikante Geschmacksnote hinein.

Ist das Ei schon gekocht?
Es gibt einen guten Trick um festzustellen, ob ein Ei noch roh oder schon gekocht ist. Lassen Sie es ganz rasch auf der Tischfläche kreisen. Dreht es sich ruhig um die eigene Achse, dann ist es gekocht; kreist es schlecht und wackelt, dann ist es noch roh.

Milch, Quark, Käse, Eier

Immer frische Eier
Kaufen Sie abwechselnd pro Woche einmal braune, einmal weiße Eier, dann wissen Sie immer, welche die frischeren und welche die älteren Eier sind.

Eier anpicken
Eier mit einer Nadel oben und unten anpicken, dann platzen sie beim Kochen nicht.

Gefüllte Eier in großen Mengen
Erwarten Sie mehrere Gäste und wollen ihnen gefüllte Eier anbieten, dann nehmen Sie doch den Fleischwolf zu Hilfe. Füllen Sie alle Zutaten wie z.B. Senf, Anchovis, Petersilie, sowie das Eigelb hinein. In einem Arbeitsgang ist alles fertig.

Essig rettet »verlorene Eier«
Verlorene oder pochierte Eier verlieren beim Zubereiten ihre Form nicht, wenn dem Kochwasser ein bis zwei Eßlöffel Essig zugegeben werden.

Das Eigelb bleibt in der Mitte
Wenn Sie russische oder gefüllte Eier machen, drehen Sie die Eier während des Kochens hin

Rund um die Küche

und wieder um, damit das Eigelb in der Mitte erstarrt.

Angestoßene Eier
Sind die Eier leicht angestoßen, haben sie die unangenehme Eigenschaft in der Schachtel kleben zu bleiben und beim Herausnehmen vollends zu zerbrechen. Machen Sie die Schachtel naß, dann lassen sie sich recht einfach lösen. Die angeknacksten Eier lassen sich nicht nur für Spiegel- oder Rührei verwenden. Sie können sie auch kochen, wenn Sie sie fest in Alufolie einwickeln und dem Kochwasser etwas Essig zusetzen.

Milch, Quark, Käse, Eier

Hartgekochtes Eigelb
Wollen Sie nur das hartgekochte Eigelb haben, so trennen Sie die Eier und lassen die Eidotter vorsichtig in kochendes Wasser gleiten. Ca. zehn Minuten kochen lassen. Als Basis für einen feinen Mürbeteig oder als Soßengrundlage sind sie besonders geeignet.

Damit der Eischnee gelingt
Das Eiweiß läßt sich nicht steif schlagen, wenn auch nur die geringste Menge Eigelb in der Masse ist. Entfernen Sie es mit einem feuchten (natürlich sauberen) Baumwolltuch oder einem Wattestäbchen. Das Eiweiß soll vor dem Schlagen immer auf Zimmertemperatur gebracht werden. Während Sie es schlagen, fügen Sie nach und nach einen Eßlöffel kalten Wassers je Eiweiß hinzu. Sie erhalten mehr Masse.

Sahniges Rührei
Erhitzen Sie die gut verquirlten und gewürzten Eier in einer gebutterten Pfanne. Mischen Sie kurz vor dem Anrichten einen Eßlöffel Sahne unter. Der Geschmack der Rühreier bekommt eine feine Note.

Rund um die Küche

Köstliche Omelettes
Omelettes werden zarter, wenn der Teig mit Wasser, oder noch besser mit Selterswasser, statt mit Milch angerührt wird.

Übrige Eidotter
Wenn Sie frische Eidotter übrigbehalten haben, dann lassen Sie sie vorsichtig in eine Tasse gleiten. Füllen Sie etwas kaltes Wasser darüber und stellen die Tasse in den Kühlschrank. Die Dotter trocknen nicht aus und halten sich somit einige Tage frisch.

Milch, Quark, Käse, Eier

Frische Eier können nicht schwimmen
Eier, die nicht so frisch sind, sehen glatt und glänzend aus. Sind sie frisch, sehen sie rauh und kalkig aus. Sie können die Frische aber auch überprüfen, indem Sie das Ei in kaltes Salzwasser legen. Schwimmt es auf der Oberfläche, sollte man es lieber wegwerfen. Sinkt es auf den Boden, ist es frisch.

Eigelb nicht erschrecken
Rühren Sie Eigelb niemals unvorbereitet in heiße Soßen. Es gerinnt sonst sofort. Einige Eßlöffel der heißen Flüssigkeit werden mit dem Eigelb in einer Tasse verrührt. Dann nehmen Sie den Topf vom Herd und rühren das Ganze unter das Gericht. Viele Gerichte werden hierdurch verfeinert.

Rund um die Küche

Fische und Meeresfrüchte

Gemüse-Bett für den Fisch
Hacken Sie Zwiebeln, Sellerie und Petersilie und bereiten daraus ein »Bett« für den Fisch. Legen Sie ihn beim Braten darauf, und Sie verhindern das Ankleben an der Pfanne. Außerdem schmeckt der Fisch viel besser und es ergibt einen hervorragenden Fond für die Soße.

Fisch in Alufolie
Wenn Sie Fisch in Alufolie grillen, kommen Sie normalerweise mit der Hälfte der eigentlichen Garzeit aus. Durch die Folie wird viel weniger Hitze nach außen abgegeben und der Fisch bleibt schön saftig. Gleichzeitig ein tolles Diätgericht.

Fische und Meeresfrüchte

Gebratener Fisch
Bratfisch bekommt eine herrliche Kruste, wenn Sie etwas Salz ins Bratfett streuen.

Gegrillter Fisch
Beim Grillen muß der Fisch weniger gesalzen werden, da die eigenen Mineralsalze nicht, wie beim Braten oder Kochen, herausgeschwemmt werden.

Kochfisch darf nicht kochen
Lassen Sie den Kochfisch nur ziehen. Er darf niemals kochen, weil er dadurch zu leicht zerfällt.

Fisch aus der Tiefkühltruhe
Ist der Fisch erst einmal angetaut, muß er gleich verbraucht werden. Tiefgekühlten Fisch erst kurz vor dem Verzehr kaufen. Wenn das nicht möglich ist, nehmen Sie eine Kühltasche mit zum Einkaufen, oder Sie wickeln den Fisch dick in Zeitungspapier ein. Daheim gleich in das Gefrierfach oder in die Tiefkühltruhe.

Fisch zubereiten
Reiben Sie den Fisch mit Essig ein. Die Schuppen

Rund um die Küche

lassen sich ohne Schwierigkeiten lösen. Nach dem Säubern beträufeln Sie ihn mit Zitronensaft und salzen ihn erst anschließend.

Wann ist der Fisch gar?
Wenn sich die Rückenflosse leicht herausziehen läßt, ist ein im ganzen gegarter Fisch fertig.

Gekochter Fisch bleibt weißer und fester, wenn Sie etwas Zitronensaft oder Essig ins Kochwasser geben.

Fisch in Milch auftauen
Ist der Fisch eingefroren, dann sollten Sie ihn in Milch auftauen. Der Gefriergeschmack wird

Fische und Meeresfrüchte

herausgezogen, und das Aroma des Fisches wird wesentlich verbessert.

Fischheber
Fisch zerbricht leicht, wenn er aus dem Sud gehoben wird. Wenn Sie keinen Fischtopf mit Hebeeinsatz haben, behelfen Sie sich mit einem Streifen doppelt gelegtem Pergamentpapier. Legen Sie ihn vor dem Kochen auf den Boden des Topfes und der Fisch läßt sich auf dieser Unterlage zum Schluß gut herausheben.

Ist der Fisch frisch ?
Prüfen Sie vor dem Einkauf, ob der Fisch frisch ist. Schauen Sie, ob die Schuppen glänzen und eng an der Fischhaut anliegen. Auch die Kiemen sollten Sie untersuchen. Sie müssen rot oder rosa sein, aber niemals grau.

Sherry-Krabben
Den Dosengeschmack von konservierten Krabben verbannt man mit etwas Sherry und 2 Eßlöffel Essig. Etwa 15 Minuten darin ziehen lassen.

Vorsicht Bitterstoffe
Seien Sie beim Ausnehmen eines Fisches sehr

Rund um die Küche

vorsichtig, damit die Galle nicht eingeschnitten oder zerdrückt wird. Die austretenden Bitterstoffe machen den Fisch ungenießbar.

Nur frische Austern und Muscheln
Bei Austern und Muscheln sollten Sie vorsichtig sein, und nur garantiert frische verwenden. Prüfen Sie, ob die Schalen ganz fest verschlossen sind, denn dann sind sie frisch. Die Schalen, die schon geöffnet sind, unbedingt wegwerfen.

Sind die Muscheln gekocht, sind die guten geöffnet und die schlechten geschlossen und müssen somit weggeworfen werden.

Fische und Meeresfrüchte

Vor dem Verzehr waschen Sie Austern sehr gründlich mehrmals mit kaltem Wasser und legen sie in einer Plastiktüte ca. eine Stunde ins Gefrierfach. Danach lassen sie sich ganz einfach öffnen.

Salzheringe
Legen Sie Salzheringe in Milch statt in Wasser ein. Sie schmecken dann nicht so sehr nach Lake.

Forelle blau
Karpfen oder Forelle blau gelingt nur, wenn Sie die weiche Schleimschicht auf der Haut nicht verletzen. Diese Schicht ist es nämlich, die durch den Essig blau gefärbt wird. Darum sollten Sie den Fisch auch nicht von außen salzen, da das Salz die empfindliche Außenschicht zerkratzen würde.

Geruchsfresser
Hände verlieren den Fischgeruch, wenn man sie mit Essig oder Salz abreibt.

Fischgeruch beim Kochen wird durch Essig im Sud gemildert. Etwas Sesamöl tut's auch.

Um die Bratpfanne von Fischgeruch zu befrei-

Rund um die Küche

en, streue man reichlich Salz in die Pfanne, gieße heißes Wasser darüber und lasse die Pfanne einige Zeit stehen.

Fleisch und Geflügel

Hähncheneinkauf
Bewahren Sie frische Hähnchen niemals länger als drei Tage auf. Auch sollten Sie frische Hähnchen nie montags kaufen, denn sie sind bestimmt von der letzten Woche noch übrig.

Zimt-Hähnchen
Für Hähnchen im Bierteig gibt es einen »Geheim«-Gewürztip. Ein Teelöffel gemahlener Zimt gibt eine besondere Note.

Knusprige Hähnchen
Stellen Sie die Temperatur des Backofens nicht zu hoch ein. Das Hähnchen wird zwar außen

Rund um die Küche

knusprig, aber innen trocken und zäh. Garen Sie das Hähnchen bei ca. 180° C. Es bleibt dann innen schön zart und außen wird es trotzdem braun und knusprig.

Magere Gänse und Enten
Vor dem Zubereiten möglichst alles sichtbare Fett entfernen und als Gänseschmalz mit Zwiebeln und Äpfeln auslassen.

Puter mit vier Keulen
Wenn es bei Ihnen Puter geben soll, und viele Gäste kommen, dann ist es besser zwei kleine, als einen großen Puter zu nehmen. Die Garzeit ver-

Fleisch und Geflügel

---

ringert sich wesentlich, und Sie haben vier Keulen.

Beschwipster Weihnachtsbraten
Pinseln Sie Ihren Enten- oder Gänsebraten 20 Minuten vor Ende der Garzeit mit Bier oder einer Salzlösung ein. Er wird dann besonders knusprig. Damit die feuchten Dämpfe beim Fertigbräunen abziehen, lassen Sie die Backofentür etwas offen stehen. Klemmen Sie hierfür einen Holzkochlöffel in die Tür.

Zarte Kruste für das Geflügel
Die Kruste von panierten Geflügelstücken wird besonders zart und leicht, wenn Sie der Panade etwas Backpulver zusetzen.

Saubere Hände beim Hackbraten
Geben Sie alle Zutaten für den Hackbraten in einen sauberen, geräumigen Gefrierbeutel. Fest durchkneten und einen Laib formen. Dann lassen Sie den Teig aus dem Beutel direkt auf das Blech gleiten.

Rund um die Küche

Hackbraten einmal anders
Haben Sie schon einmal einen Hackbraten im Schlafrock gemacht? 15 Minuten bevor der Braten fertig ist, geben Sie eine Schicht Kartoffelbrei darüber. Mit Butter bestreichen und noch einmal in die Backröhre schieben. Wenn er eine schöne goldbraune Farbe hat, können Sie den Braten servieren.

Beize für das Fleisch
Bauchfleisch, Schulter und jedes Fleisch, welches nicht von Haus aus zart ist, sollten Sie über Nacht in eine Beize aus Buttermilch, Sauermilch oder Rotwein legen.

Fleisch und Geflügel

Senf für die Frikadellen
Geben Sie einen Eßlöffel Senf an das Hackfleisch für die Frikadellen. Es macht sie viel würziger.

Olivenöl – und das Fleisch trocknet nicht aus
Bevor Sie Fleisch oder Geflügel braten, bestreichen Sie es mit Olivenöl. Es trocknet nicht so leicht aus.

Mariniertes Grillfleisch
Müssen Sie Ihr Grillfleisch noch zum Picknickplatz transportieren, dann legen Sie es in ein flaches Kunststoffgefäß. Bedecken Sie es mit einer Marinade, z. B. Öl und verschiedene Kräuter, und drücken die Luft aus dem Behälter heraus. So können Sie Ihr Fleisch ohne Probleme transportieren, und Sie müssen nicht so viele Kräuter und Gewürze mitnehmen.

Saftiges Gulasch
Schneiden Sie die Fleischstücke für das Gulasch nicht zu klein. Das Fleisch verliert zu viel Saft und wird trocken.

Rund um die Küche

Gebratener Speck
Legen Sie Schinkenspeck einige Minuten ins kalte Wasser, bevor Sie ihn braten. Er wellt sich dann nicht mehr so stark. Und wenn Sie ihn ganz langsam erhitzen, und mit einer Gabel an mehreren Stellen einstechen, dann schrumpft er auch viel weniger.

Panierte Schnitzel
Haben Sie Ihre Schnitzel paniert, dann vergessen Sie nicht, sie vor dem Braten abzuschütteln. Lockere Brösel brennen zu schnell an in der Pfanne, und schmecken dann bitter.

Fleisch und Geflügel

Zartes Fleisch
Suppenfleisch wird schön zart, wenn Sie einen Eßlöffel Essig ins Kochwasser geben.

Wenn Bratenfleisch oder Wildbret etwas zäh ist, kochen Sie Bouillon und Essig zu gleichen Teilen auf. Lassen Sie den Sud abkühlen und legen das Fleisch einige Stunden hinein.

Bei Steaks vermischen Sie Essig und Öl und gießen es über das Fleisch. Lassen Sie es ca. zwei Stunden ziehen.

Knusprige Schwarte
Wenn Sie eine besonders knusprige Schwarte für Ihren Schweinebraten wünschen, dann streichen Sie ihn ca. zehn Minuten vor Ende der Garzeit mit Salzwasser ein. Statt dessen können Sie auch Bier nehmen.

Anschließend scharf nachbraten.

Die Wursthaut geht nicht ab
Damit sich Wursthaut leichter abziehen läßt, halten Sie die Wurst unter kaltes, fließendes Wasser, oder legen Sie sie kurz in Eiswasser.

Aufgespießte Bratwürste
Bratwürste lassen sich wesentlich einfacher wen-

Rund um die Küche

den, wenn Sie mehrere auf einen Fleischspieß stecken.

Braten nicht gleich schneiden
Braten läßt sich leichter schneiden, wenn er erst 10 bis 15 Minuten nach dem Herausnehmen aus dem Backofen angeschnitten wird.

Variante für die Panade
Panieren Sie die Schnitzel doch mal zur Abwechslung mit zerstoßenen Cornflakes. Das ist besonders lecker.

Fleisch und Geflügel

Bratwürste
Bratwürste platzen und schrumpfen nicht beim Braten, wenn sie vorher mit kochendem Wasser überbrüht wurden. Gut abtrocknen.

Oder man wendet sie vor dem Braten leicht in Mehl.

Oder Sie stechen die Würste mit einer Gabel ein. Besonders zu empfehlen bei sehr fetten Würsten!

Verzaubertes Lamm
Würzen Sie Ihren Lammbraten doch mal ganz pikant. Bestreichen Sie Toast- oder Weißbrotscheiben mit Knoblauchbutter und befestigen Sie diese mit Zahnstochern so auf dem Fleisch, daß die Butterseite auf den Braten kommt. Anschließend mit Wasser besprengen und braten. Auf diese Weise haben Sie eine leckere Bratenwürze und gleichzeitig eine tolle Beigabe.

Würze für das Grillfeisch
Streuen Sie ein paar Wacholderbeeren, Lorbeer- oder Rosmarinblätter in die Glut Ihres Grills. Das gegrillte Fleisch bekommt eine besonders würzige Note.

Rund um die Küche

Saftiger Rinderbraten
Damit der Rinderbraten besonders saftig wird, tauchen Sie ihn kurz vor dem Anbraten in kochendes Wasser und trocknen ihn gut ab.

Ketchup
Sie kennen es sicherlich. Erst kommt gar kein Ketchup aus der Flasche und plötzlich viel zu viel. Stecken Sie einen Strohhalm bis auf den Boden der Flasche und das Ketchup fließt ganz leicht heraus.

Fische und Meeresfrüchte

🐛 *Fleischhaltige Mahlzeiten nicht länger warm halten*

Temperaturen zwischen 40 und 60 Grad sind ideale Vermehrungsbedingungen für Salmonellenbakterien. Erst bei mehr als 60 Grad ist eine Abtötung der Keime gewährleistet.

🐛 *Fleisch nicht nur äußerlich anbraten*

Braten Sie Fleisch auf keinen Fall nur äußerlich an, um es dadurch zu konservieren, wie es unsere Großmütter empfohlen haben. Sie würden dadurch den Salmonellenbakterien im Inneren des Bratens einen hervorragenden Nährboden schaffen.

🐛 *Salmonellengefahr!*

Braten Sie Ihre Hähnchen und Frikadellen sofort ganz durch! Auch bei Lagerung des rohen Fleisches im Kühlschrank vermehren sich die Salmonellenbakterien.

Rund um die Küche

Backen

Sauberes Teigkneten
Nehmen Sie eine große, saubere Plastiktüte und kneten den Teig darin. Er klebt nicht an den Händen und trocknet auch nicht aus.

Geschlagener Strudelteig
Die wichtigste Voraussetzung für Strudelteig ist, daß er gut durchgeknetet wird. Schlagen Sie ihn 50 mal auf ein bemehltes Brett. Am besten, Sie wellen den Strudelteig auf einem bemehlten Leinentuch aus.

Wenn der Backofen überläuft
Ist im Backofen etwas übergelaufen, dann be-

streuen Sie die Stelle gleich mit Salz. Nach dem Abkühlen des Herdes kann das Angebrannte ganz leicht abgebürstet werden. Nur noch feucht nachwischen.

Damit die Mandeln nicht so stauben
Ziehen Sie eine Plastiktüte über die Öffnung der Mandelmühle. Dann staubt es nicht so.

Kristallisierter Honig
Erwärmen Sie den Honig ganz vorsichtig im Wasserbad bis höchstens 40° C. Um die Temperatur zu prüfen, nehmen Sie am besten ein Badethermometer. Die Kristalle werden wieder aufgelöst. Rühren Sie öfter um und achten darauf, daß die Temperatur stimmt, da sonst wertvolle Bestandteile des Honigs verlorengehen.

Gefrorener Teigroller
Legen Sie den Teigroller einige Stunden ins Tiefkühlfach, bevor Sie backen. Der Kuchenteig bleibt nicht am Teigroller kleben.

Alkohol ersetzt Backpulver
Wollen Sie einen besonders feinen Kuchen bakken, dann können Sie Backpulver durch einen

Rund um die Küche

Schuß guten Alkohols ersetzen, wie z. B. Rum, Weinbrand oder Arrak.

Ganze Walnüsse
Walnüsse, die man im Ganzen braucht, bekommt man durch einen Trick unbeschädigt aus der Schale. Legen Sie die Nüsse 24 Stunden in lauwarmes Wasser und knacken Sie sie erst dann.

Glatter Zuckerguß
Überziehen Sie den Kuchen erst mit einer dünnen Schicht Zuckerguß. Diese Grundierung lassen Sie gut trocknen, bevor Sie die nächste Schicht auftragen. Sie wird viel gleichmäßiger.

Backen

Durchweichter Tortenboden

Damit der Obstsaft bei Tortenböden nicht durchzieht, streichen Sie ihn mit Eiweiß ein. Sie können aber auch Vanillepudding als Unterlage draufstreichen. Schmeckt zudem auch noch lekker.

Rosinen mit Schwips

Rosinen versinken leicht, wenn man sie in den Kuchenteig einarbeitet. Tauchen Sie sie vorher in Rum und sie bleiben oben. Sie können die Rosinen auch kurz in Butter wenden.

Baisers – besonders luftig

Wollen Sie besonders hohe und luftige Baisers backen, dann rühren Sie in das zimmerwarme Eiweiß etwas Backpulver mit hinein. Erst anschließend mit dem Zucker zusammen steif schlagen.

Saftiger Schokoladenkuchen

Setzen Sie dem Backpulver einen Teelöffel Essig zu, dann wird Ihr Schokoladenkuchen besonders locker und saftig.

Rund um die Küche

Schokoladenbrösel
Wickeln Sie die Schokolade nicht aus, sondern schlagen Sie mit dem Fleischklopfer ein paarmal mit der genoppten Seite darauf. Das ist die beste Methode die Schokolade zu zerkleinern.
Die Schokolade muß allerdings kühl sein. Also vorher die Schokolade eine Stunde in den Kühlschrank legen.

Aromatische Backpflaumen
Wenn Sie Backpflaumen einlegen, dann legen Sie sie statt in Wasser in schwarzen Tee ein. Dadurch wird das Aroma viel intensiver.

Leckere Waffeln auflockern
Mit Buttermilch und einer Prise Backpulver, anstelle der Milch, werden Waffeln leicht und locker.

Fritierte Köstlichkeiten
Geben Sie einen Eßlöffel Essig in das Ausbackfett, denn dadurch nimmt das Backgut weniger Fett an und schmeckt nicht so fettig.

Delikate Pfannkuchen
Nehmen Sie statt der angegebenen Flüssigkeit Selterswasser. Die Pfannkuchen werden wunderbar locker.

Pizza mit Pfiff
Braune knusprige Pizzaböden bekommen Sie, wenn Sie den Teig mit Hartweizengrieß statt Mehl herstellen.

Eier-Mogelei
In vielen Kuchenrezepten benötigt man für die Glasur nur Eiweiß. Wenn Sie für den Kuchen drei ganze Eier brauchen, dann nehmen Sie ein ganzes Ei plus zwei Eigelb. Die fehlende Flüssigkeit ergänzen Sie durch zwei Gläschen Wein-

Rund um die Küche

brand oder Rum. Das übrige Eiweiß nehmen Sie für die Glasur. Durch den Alkohol schmeckt der Kuchen besonders lecker und wird schön locker.

Altbackener Kuchen wieder frisch
Drehen Sie altbackenen Kuchen einfach um, und stechen einige Löcher mit einer langen Stricknadel hinein. Mehrere gefrorene Fruchtsaftstückchen oben drauf gelegt, und der Kuchen wird durch das langsame Schmelzen vollständig von der Flüssigkeit durchzogen. Er schmeckt wieder fruchtig und weich. Dann wieder umdrehen und servieren.

Zuckergußschrift
Wenn Sie auf die Glasur Ihres Kuchens noch etwas schreiben wollen, dann nehmen Sie einen Zahnstocher zum Vorzeichnen. In einen leeren, gut gesäuberten Senfspender füllen Sie einen andersfarbigen Zuckerguß ein. Jetzt können Sie auf den Kuchen noch etwas Persönliches daraufschreiben.

Schnelle Schokoglasur
Die Schokoladenglasur wird schneller trocken, wenn Sie einen Eßlöffel Kokosfett mit daruntermischen. Vorher schmelzen und darunterrühren.

Trockenes Rohmarzipan
Ist das Rohmarzipan fest geworden, dann reiben Sie es auf einer Küchenreibe und rühren es mit in den Kuchen- oder Plätzchenteig hinein. Das ist auch mal eine gutschmeckende Abwechslung.

Schnelle Tortendekoration
Legen Sie ein Tortendeckchen aus Papier auf die fertige Torte. Mit Puderzucker oder evtl. mit Kakao bestäubt, ist das eine schnelle Möglichkeit,

Rund um die Küche

die Torte hübsch zu verzieren. Das Papier ganz vorsichtig abnehmen.

Keine Nüsse zur Hand
Rösten Sie Haferflocken in wenig Butter oder Margarine. Das ist ein preiswerter und leckerer Ersatz für geriebene Nüsse für Kuchen- oder Auflaufrezepte.

Spritzbeutel-Ersatz
Wenn Sie Ihre Torte verzieren wollen und haben keinen Spritzbeutel zur Hand, stellen Sie sich eine Tüte aus zusammengerolltem Pergamentpapier her. Die Spritze je nach gewünsch-

Backen

tem Muster ein- bzw. abschneiden und die Glasur- oder Gußmasse einfüllen.

Backformen bestäuben
Statt Mehl können Sie auch Kakao zum Bestäuben der gefetteten Backform oder des Bleches nehmen. Das Gebäck sieht dann nicht so mehlig aus.

Die Torte wird glasiert
Torten mit mehreren Schichten lassen sich leichter glasieren, wenn man die Schichten mit einigen rohen Spaghetti zusammensteckt. Sie verrutschen dann nicht, bis der Überzug erhärtet ist.

Der Kuchen will nicht aus der Form
Will sich der Kuchen einmal nicht aus der Backform lösen, dann stellen Sie die Form nach dem Backen kurz auf ein feuchtes Tuch.

Haferflocken zum Bestreuen
Rösten Sie Haferflocken mit etwas Zucker und Butter bei schwacher Hitze in der Pfanne. Die Flocken eignen sich gut zum Bestreuen der Plätzchen. Es sieht schön aus, und die Kekse bekommen einen nussigen Geschmack.

Rund um die Küche

Der Kuchen hat sich gewölbt
Wenn ein frischgebackener Kuchen in der Mitte zu hoch geworden ist, kann man ihn mit einer etwas kleineren Form, die man darauf drückt, wieder »einebnen«. Das schadet dem Kuchen nicht.

Formen ausfetten – oder nicht
Ausfetten: Bei Rührteig, Honigkuchen, Hefeteig, Biskuitteig. Nicht ausfetten: Mürbeteig, Brandteig.

Blätterteig auf einem mit kaltem Wasser abgespülten Blech backen.

Baiser- und Makronenmasse auf einem mit Backpapier oder Folie ausgelegten Blech backen.

Glasur für die Plätzchen
Vor dem Ausrollen des Plätzchenteiges streuen Sie eine Mehl-Zuckermischung auf das Backblech. Sie werden knusprig glasiert.

Schokoladenraspel
Häufig hat man keine Schokoladensplitter im Haus, wenn man sie gerade braucht. Nehmen Sie einen Riegel Schokolade und Ihren Kartoffelschäler und raspeln Sie die Schokolade klein.

Fetthaltige Plätzchen
Sind Ihre Plätzchen sehr fetthaltig, dann können Sie sich das Einfetten des Backbleches ersparen. Aber stäuben Sie etwas Mehl darauf.

Doppeldecker-Torte
Bei mehrschichtigen Torten quillt die Tortenfüllung leicht heraus, wenn sie angeschnitten werden. Bevor Sie der Torte den letzten Schliff geben, schneiden Sie den obersten Boden in Portionsstücke, und sie läßt sich viel einfacher schneiden.

Rund um den Haushalt

Hefeteig vor Zug schützen
Stellen Sie den Hefeteig immer zugedeckt an einen warmen Ort, damit er gehen kann. So kann die Wärme unter dem Tuch gut gespeichert werden, und der Teig ist gleichzeitig vor Luftzug geschützt.

Kühlschrankgitter für Kuchen
Sie haben vielleicht sehr viele Kuchen, Brote oder Plätzchen gebacken und wissen nicht, wohin mit ihnen zum Abkühlen? Nehmen Sie ein oder mehrere Borde aus dem Kühlschrank heraus, und Sie haben die besten Kuchengitter zur Verfügung.

Backen

Kaltes Backblech
Kühlen Sie das Backblech gut, bevor Sie die Plätzchen backen. Sie kleben nicht so leicht an der Unterseite an, wenn Sie das nach jedem Backvorgang wiederholen. Also, mit kaltem Wasser abspülen, trocknen, wieder einfetten und weiterbacken.

Fehlendes Backblech für die Plätzchen
Haben Sie soviele Plätzchen zu backen, daß Ihnen ein Backblech fehlt, dann nehmen Sie den Boden Ihrer Springform dazu. Gut einfetten und Sie haben zusätzliche, »Kapazitäten.«

Keine verbrannten Plätzchen
Damit die Plätzchen nicht verbrennen, nehmen Sie sie zwei Minuten vor Beendigung der Backzeit aus dem Backofen. Da das Blech noch heiß ist, backen sie noch etwas weiter, aber sie brennen nicht an.

Plätzchen – hübsch verpackt
Zum Verpacken von Plätzchen, die man verschenken will, sollten Sie die Kartons und Schälchen aufbewahren, in denen man Beeren und anderes Obst kaufen kann. Mit einer schönen Serviette

Rund um die Küche

ausgelegt und mit Keksen oder Süßigkeiten gefüllt, sind das schöne Geschenke. Sie können die Kartons oder Schälchen auch von außen noch bekleben.

Rund um den Haushalt

Rund um den Haushalt

Blitzblanke Küche

- **Gußeisenpfannen reinigen**
- Reiben Sie die Pfanne zuerst mit einem Papiertuch aus. Geben Sie dann einen Eßlöffel Salz in die Pfanne und verreiben mit einem zweiten Tuch das Salz in der Pfanne. Das Salz nimmt das Fett auf und wirkt gleichzeitig als Reinigungsmittel.

- **Kaffeemaschine entkalken**
- Zitronensäure aus der Apotheke ist ein hervorragendes Mittel, die Kaffeemaschine umweltfreundlich zu entkalken. In die mit Wasser gefüllte Maschine gibt man einen Teelöffel der Säure und läßt das Ganze aufkochen. Gut

Blitzblanke Küche

- nachspülen und die Kaffeemaschine ist entkalkt.

- **Kesselstein im Wasserkessel**
- Kesselstein löst sich rasch, wenn Sie den Wasserkessel halb und halb mit Essig und Wasser füllen, aufkochen und ein paar Stunden stehen lassen. Danach gründlich spülen. Eventuell die ganze Prozedur wiederholen.

- **Angebrannte Kochtöpfe**
- Keine scharfen Gegenstände für die Reinigung benutzen! Füllen Sie den Topf mit etwas Wasser und geben etwas Salz hinzu. Den Topf einige Stunden stehen lassen. Der angebrannte Belag läßt sich dann ohne Mühe entfernen. Bei hartnäckigen Fällen mit einer Sodalösung aufkochen. Nicht bei Aluminiumtöpfen anwenden!

- **Ablagerungen in Kaffeekannen**
- Schmutzige Ränder oder Ablagerungen in Kaffeekannen werden durch Schnellreiniger für dritte Zähne wieder sauber. Einfach lauwarmes Wasser einfüllen und eine Tablette darin auflösen. Das gleiche Rezept können Sie auch bei

Rund um den Haushalt

- enghalsigen Glasvasen oder Kristallgläsern
- anwenden.

Essig gegen Schimmel
Einmal in der Woche sollten Sie das Brotfach mit Essig auswischen. Damit verhindern Sie die Schimmelbildung. Außerdem wird der Geruch gebunden. Auch wenn Sie ihr Brot in einem Steintopf aufbewahren, sollten Sie ihn einmal wöchentlich auswaschen.

Kuchenbleche reinigen
Das Reinigen mit Wasser sollte man vermeiden, damit der nächste Kuchen nicht anklebt.

Blitzblanke Küche

- Nur wenn das Blech sehr verschmutzt ist, mit heißem Wasser und Drahtwolle reinigen. Danach gleich leicht einfetten. Klebrigen Belag entfernt man vom erhitzten Blech mit Salz und Zeitungspapier. Ein rostiges Blech wird mit Salz bestreut und mit einer Speckschwarte fest eingerieben. Dann mit Seidenpapier nachwischen.

Kreide in die Silberschublade
- Um die Feuchtigkeit zu binden, und somit das Anlaufen des Silbers zu verhindern, legen Sie ein Stück Kreide mit in die Silberschublade.

Wenn das Silber angelaufen ist
- Legen Sie in eine Plastikschüssel mit heißem Wasser ein Stück Alufolie. Einen Löffel Kochsalz und einen Löffel Natron (gibt es in der Apotheke) lösen Sie in dem Wasser auf. Legen Sie nun das Silber auf die Folie, schon nach kurzer Zeit wird es schön blank. Mit einem weichen Tuch können Sie eventuelle Belagreste entfernen.

Zitronenschale für das Besteck
- Rostfreies Edelstahl-Besteck bleibt blank,

Rund um den Haushalt

- wenn man es mit Zitronenschale abreibt und
- danach noch einmal spült.

Alte Aufkleber entfernen
- Streichen Sie alte Aufkleber mehrmals mit
- Essig ein. Lassen Sie ihn gut einwirken und
- reiben dann die alten Aufkleber vorsichtig ab.

Glanz für Kupferkessel
- Die meisten Kupfer- und Messingputzmittel,
- die man kaufen kann, setzen sich in den Vertiefungen fest. Das erfordert viel Kraft beim
- Blankputzen. Ein sehr gutes Mittel können
- Sie sich ohne viel Aufwand selber machen.

Blitzblanke Küche

- Rühren Sie sich einen Brei aus Salz und Essig an und verteilen Sie ihn auf dem Gegenstand.
- Einige Minuten einwirken lassen und dann abspülen. Mit einem Ledertuch trocken reiben.

Mixer reinigen
Wenn Sie Ihren Mixer nicht auseinandernehmen können, füllen Sie ihn halb mit heißem Wasser und geben einige Tropfen Spülmittel dazu. Stellen Sie ihn 30 Sekunden an und spülen ihn anschließend gründlich. Die beweglichen Teile müssen von Zeit zu Zeit geölt werden. Verwenden Sie dazu Haushaltsöl. Salatöl verharzt und klebt!

Elektrisch geladen
Nie vergessen: Ziehen Sie immer den Stecker heraus, bevor Sie elektrische Haushaltsgeräte reinigen.

Keine Fusseln auf den Gläsern
Trocknen Sie Ihre Gläser nur mit Leinentüchern ab. Wenn Sie Baumwoll- oder Frottierhandtücher nehmen, bleiben oft kleine Fusseln zurück.

Rund um den Haushalt

Damit Silber nicht anläuft
Nähen Sie sich aus Silberputztüchern kleine Beutelchen, in denen Sie das Silber aufbewahren können.

Mit dem Fön gegen Etiketten
Etiketten auf hitzebeständigen Unterlagen lassen sich mit dem Fön leicht lösen. Nach dem Erwärmen des Etiketts ziehen Sie es einfach ab, ohne lästige Kleberspuren zu hinterlassen.

Zwiebelgeruch
Dieser unangenehme Geruch auf Holzbrettchen und Holzbestecken läßt sich entfernen, wenn sie

Blitzblanke Küche

---

nach Gebrauch sofort mit kaltem Wasser gespült werden.

Damit der Geruch nicht einziehen kann, die Brettchen auch vor dem Gebrauch mit kaltem Wasser spülen. Auch andere Gerüche können so nicht so einfach in das Holz eindringen.

Flecken im Topf
Hartnäckige schwarze Flecken im Topf verschwinden, wenn Sie Spülmaschinenreiniger mit etwas Wasser darin aufkochen und danach gut nachspülen.

Ihre Bratpfanne ist immer parat und wird nie rosten, wenn Sie sie nach jedem Gebrauch mit Salz bestreuen und mit Küchenkrepp ausreiben.

Neue Töpfe durch Salatöl
Sind Ihre gußeisernen Töpfe grau geworden? Dann reiben Sie sie ganz dünn mit Salatöl aus, sie sehen wieder wie neu aus.

Thermosflaschen offen aufbewahren!
Der muffige Geruch von verschlossenen Thermosflaschen verschwindet sofort, wenn sie mit gut warmem, verdünntem Essig ausgespült werden. Danach gut spülen.

Rund um den Haushalt

Messing putzen
Kein Sidol zu Hause? Dann können Sie sich eine Putzpaste selber aus gleichen Teilen Salz und Mehl mit etwas Essig zusammenrühren. Eine dicke Schicht auftragen und trocknen lassen. Paste abwaschen und trockenpolieren.

❦ Kaffeesatz zum Reinigen
Zum Reinigen von Flaschen, Vasen und anderen Gefäßen eignet sich ganz vorzüglich Kaffeesatz. Selbst aus dem Fischglas verschwindet der Geruch. Lassen Sie den Kaffeesatz einige Stunden im zugedeckten Gefäß stehen, anschließend wie gewohnt spülen.

Blitzblanke Küche

Abwaschen ohne Chemie
Es gibt viele Möglichkeiten ohne Chemie abzuwaschen. Geben Sie etwas Molke und einen Schuß Essig ins Abwaschwasser, oder grüne Ton- oder Lehmerde. Ein gutes Mittel ist auch, wenn Sie ein haselnußgroßes Stück Soda dem Abwaschwasser zusetzen.

Scheuersand
Scheuerpulver muß gar nicht sein. Sie können zum Scheuern ganz feinen Sand nehmen. Am besten ist Flußsand. Mit diesem Sand können Sie alle Oberflächen behandeln, die sehr schmutzig sind und nicht zerkratzt werden können. Für feuerfestes Glas, Töpfe aus Aluminium, Bratpfannen, die nicht beschichtet sind und für vieles mehr ist es ein tolles Scheuermittel.

Das Spülbecken
Wenn Wasserflecken oder Kalkablagerungen zu einem Problem werden, dann reiben Sie das Becken mit einem mit Essig oder Spiritus befeuchteten Tuch aus.

Rund um den Haushalt

Hausputz

Toller Besen-Trick
Stülpen Sie über den Besenstiel einen Finger von einem alten Gummihandschuh. Der Besen wird nicht mehr umfallen, wenn Sie ihn zwischendurch an die Wand lehnen. Leitern können nicht mehr wegrutschen, wenn man an die Leiterenden Gummistückchen klebt.

Linoleum aufpolieren
Kleine Kratzer oder Beschädigungen können Sie mit einem Autolackstift, die es in allen Farben gibt, ausbessern. Die Farbe übersteht auch oftmaliges Scheuern.

Hausputz

Spiritus für Jalousetten
Zum Reinigen nimmt man einen Teigschaber mit einem darumgewickelten Tuch. Mit Spiritus gut anfeuchten und die einzelnen Lamellen reinigen.

❦ *Besenpflege*
❦ Neue Besen: Die Borsten werden wieder fest,
❦ wenn man sie in heißes Salzwasser taucht.

Zwiebeln für den Durchblick
Sollten Ihre Fensterscheiben mal sehr verschmutzt sein, dann halbieren Sie eine Zwiebel und reiben die Scheibe damit ab. Ist die Zwiebel schmutzig, schneiden Sie immer wieder eine dünne Scheibe ab.

Mit Zeitungen die Fenster putzen
Zum Nachpolieren der Fensterscheiben ist es billiger und einfacher, alte Zeitungen zu verwenden. Die Scheiben werden streifenfrei.

Die Zeitungen sollten Sie allerdings vorher gelesen haben, sonst können Sie sich ganz schön den Kopf verrenken.

Verträgliche Gummihandschuhe
Wenn Sie sich in Gummihandschuhen nicht wohl-

Rund um den Haushalt

fühlen, weil Sie so schwitzen oder sie auch nicht vertragen, sollten Sie dünne Baumwollhandschuhe drunterziehen. Die können Sie z. B. im Fotogeschäft kaufen, da man sie auch zum Rahmen der Dias braucht.

Blitzblanke Fenster
Geben Sie in das Putzwasser eine halbe Tasse Salz, eine halbe Tasse Essigessenz und zwei Eßlöffel Wäschestärke.

Milchglasscheiben nur mit warmem Essigwasser abwaschen und trockenreiben.

Nie vergessen: Putzen Sie Fenster niemals, wenn die Sonne daraufscheint. Die Scheiben

Hausputz

trocknen zu schnell und es entstehen die häßlichen Streifen.

Bohnerwachs für Türen und Fenster
Weißlackierte Fensterrahmen und Türen sollten nach einer gründlichen Reinigung mit farblosem Bohnerwachs eingerieben werden. Die dünne Wachsschicht schützt den Lack, und Flekken lassen sich einfacher abreiben.

Verkalkte Perlatoren
Wenn Perlatoren durch Kalkrückstände verstopft sind, schraubt man sie ab und legt sie in warmes Essigwasser. Die Gummidichtungen aber bitte nicht mit in den Essig bringen! Herausnehmen und beiseite legen.
   Sollten sich die Perlatoren nicht mit der Hand abschrauben lassen, kleben Sie einige Lagen Krepp-Klebeband um die verchromte Oberfläche. Mit einer Rohrzange kann die Verschraubung nun leicht gelöst werden, ohne daß unschöne Kratzer entstehen.

Kein Belag im Zahnputzglas
Waschen Sie einmal in der Woche Ihr Zahnputzglas mit einer warmen Kochsalzlösung aus. Der

Rund um den Haushalt

🌷 häßliche weiße Belag entsteht gar nicht erst.

🌷 **Verstopfte Brauseköpfe**
🌷 Metallene Brauseköpfe in Essigwasser legen,
🌷 das aus gleichen Teilen Essig und Wasser
🌷 besteht. 15 Minuten kochen.
🌷   Kunststoff-Brauseköpfe in heißes Essig-
🌷 wasser – wie oben – legen und über Nacht
🌷 ziehen lassen.

🌷 **Kalk am Wasserhahn**
🌷 Die verkalkten Siebe legt man einige Stunden
🌷 in Essig. Kalk, der sich am Wasserhahn ange-
🌷 setzt hat, kann man entfernen, wenn man

Hausputz

- über Nacht ein Essigtuch darumwickelt. Am
- nächsten Tag kann der Belag leicht wegge-
- wischt werden.

- **Blitzblanker Küchenboden**
- Wenn der frisch gewischte Boden nach dem
- Trocknen Streifen aufweist oder stumpf ist,
- dann nehmen Sie einen Eimer frisches Was-
- ser, geben eine Tasse Essigessenz hinein und
- wischen damit noch einmal darüber, bis der
- Boden glänzt.

Heizkörper reinigen
Ziehen Sie einen Socken über einen Besenstiel und befestigen ihn mit einem Gummiband. Sie können auch noch einen anderen Trick anwenden: Hinter dem Heizkörper wird ein feuchtes Tuch angebracht. Dann pusten Sie mit dem Föhn kräftig zwischen die Heizrippen — der Staub ist im feuchten Tuch.

Zwei ausgezeichnete Reiniger für Armaturen
Um Zeit und Geld zu sparen und dennoch glänzende Armaturen zu haben, benützt man ein altes Tuch, das vorher in Petroleum getaucht

Rund um den Haushalt

worden ist. Petroleum entfernt Kalkflecken schnell. Der unangenehme Geruch wird sich nicht lange halten.

Armaturen mit Zitronensaft, den man fertig kaufen kann, besprühen. Mit einem Tuch hochglänzend reiben.

Saubere Markisen und Gartenschirme
Mit einer Bürste und viel Kernseife die Markisen und Gartenschirme abbürsten; bei sehr verschmutzten Markisen können Sie etwas Waschpulver dazugeben. Anschließend mit viel Wasser gründlich abspritzen und trocknen lassen.

Hausputz

Strahlende Kacheln
Bevor Sie Kacheln oder die Badewanne reinigen wollen, lassen Sie die Dusche kurze Zeit so heiß wie möglich laufen. Dadurch entsteht Dampf, durch den sich der Schmutz leichter löst.

Angenehmer Duft im Badezimmer
Geben Sie ein paar Tropfen Ihres Eau de Cologne auf die Glühbirne im Badezimmer. Immer wenn Sie das Licht einschalten, wird durch die Wärme der Duft verbreitet.

Saubere Kachelfugen
Graue Kachelfugen bekommt man wieder weiß, wenn man eine ausgediente Zahnbürste in leicht verdünnten Salmiakgeist taucht. Die Fugen damit bürsten und nachspülen. Sie strahlen wieder wie neu.

Chromteile säubern
Feines Scheuerpulver auf ein angefeuchtetes Tuch geben und damit die Chromteile abreiben.

Saubere Badewanne
Wenn weiches Scheuerpulver nichts mehr nutzt, mischen Sie Wasserstoffperoxid, pulverisierten

Rund um den Haushalt

Weinstein und etwas Wasser zu einer Paste. Bürsten Sie damit die Badewanne ein. Etwas einziehen lassen und dann sorgfältig abspülen und trockenreiben. Für stark vergilbte Badewannen können Sie die gleiche Paste verwenden. Auch Schmierseife bringt gute Erfolge.

Schwebender Duschvorhang
Duschvorhänge gleiten federleicht, wenn Sie die Stange mit etwas Vaseline einreiben. Dann mit einem Papiertuch gleichmäßig verteilen.

Kratzer in der Badewanne
Die Kratzer verschwinden, wenn Sie die Bade-

wanne vorsichtig mit Metallpolitur auf einem weichen Tuch abreiben.

Raus mit dem Stöpsel
Badewannenstöpsel saugen sich in der Badewanne oder im Waschbecken oft so fest, daß man sie nur mit Mühe wieder herausbekommt. Ein vorheriges Einreiben, auch des Abflusses, mit Vaseline schafft Abhilfe.

Bohnerwachs gegen Kondenswasser
Am Wasserbehälter im Klo entsteht manchmal so viel Kondensfeuchtigkeit, daß es tropft. Wenn Sie den Kasten trocken wischen und mit Bohnerwachs einreiben, passiert das nicht mehr.

❦ *Frischer Duft in der Toilette*
- ❦ Wischen Sie den Fußboden in der Toilette
- ❦ regelmäßig mit Essigwasser auf. Sie müssen
- ❦ nie wieder zu Duftsprays greifen.

❦ *Strahlend saubere Toilette*
- ❦ Bürste und Essigwasser reichen meist aus,
- ❦ um Kalkablagerungen im Toilettenbecken zu
- ❦ entfernen. Greifen Sie nicht gleich zu aggressi-

Rund um den Haushalt

- ven Reinigungsmitteln, die Gesundheit und
- Umwelt belasten.

Damit die Farbe bleibt
Sonne bleicht die Farbe Ihres Tisches aus. Drehen Sie ihn ein paarmal im Jahr, damit es keine häßlichen Flecken gibt.

Zahnpasta gegen Holzflecken
Wasserringe und -flecken auf Holz kann man gut mit Zahnpasta entfernen. Ein Tuch anfeuchten und Zahnpasta daraufgeben. Hartnäckige Fälle brauchen zusätzlich vielleicht noch etwas Natron. Wenn Sie einen Kratzer

Hausputz

- ausbessern, immer in Maserrichtung arbeiten. Bei Nußbaumholz eine frische Walnuß schälen, den Nußkern halbieren und den Kratzer mit der Bruchstelle einreiben.

Holz auf Hochglanz bringen
Wie gewöhnlich mit Möbelpolitur behandeln. Dann etwas Stärkemehl daraufstreuen und mit einem weichen Tuch einreiben. Das Mehl saugt überschüssige Politur auf, beseitigt Fingerabdrücke und hinterläßt eine streifenlos glänzende Oberfläche. Testen Sie es mit dem Finger. Es sollten jetzt keine Spuren mehr zurückbleiben.

Phantastische Möbelpolitur
Je ein Drittel Terpentin, Leinölfirnis und Essig gut mischen. Mit einem weichen Tuch auftragen und gut trockenwischen. Danach mit einem weichen Tuch nachreiben, bis die Flächen glänzen. Wenn Eichenmöbel aufgefrischt werden sollen, waschen Sie die Möbel mit Bier ab. Anschließend trockenreiben.

Polsterreiniger
Bürsten Sie ab und zu Ihre Polstermöbel mit

Essigwasser ab. Sie sind dann viel weniger schmutzempfindlich.

❦ *Wachs auf Holzoberflächen*
❦ Wenn Sie Wachsflecken auf Holzoberflächen
❦ haben, dann weichen Sie es mit einem Haar-
❦ föhn auf und wischen es mit einem Papiertuch
❦ weg. Anschließend mit Essigwasser abwa-
❦ schen.

❦ *Blitzblanker Kristall-Lüster*
❦ Zuerst unter dem Lüster ein Tuch ausbreiten,
❦ damit der Boden nicht verschmutzt wird. Ei-
❦ nen Becher mit gleichen Teilen Alkohol und

Wasser füllen und die Kristallteile eintauchen. Das Kristall wird trocken, ohne daß Flecken oder Fingerspuren bleiben. Die Teile, die man mit dem Becher nicht erreicht, können mit Arbeitshandschuhen aus Baumwolle abgerieben werden.

Glastischplatten
Etwas Zitronensaft einreiben. Mit Papierküchentüchern trocknen und mit Zeitungspapier glänzend reiben.

Mit Zahnpasta kann man kleine Kratzer wegpolieren.

Flecken auf der Tapete
Vermischen Sie zwei bis drei Teelöffel Stärkemehl mit etwas Wasser und tragen Sie die Paste auf die Flecken auf. Wenn die Paste völlig trocken ist, abbürsten. Vorgang eventuell wiederholen.

Teppiche aufhellen
Großzügig Salz über den Teppich streuen. Etwa eine Stunde einwirken lassen, dann absaugen

Mit Terpentin altes Wachs entfernen

Altes Wachs auf Holztischen läßt sich recht einfach entfernen. Geben Sie auf ein weiches Tuch ein paar Tropfen Terpentin, welches das Wachs auflöst. Wischen Sie damit den Tisch kräftig ein. Mit einem anderen Tuch nachwischen.

Salzwasser und Zitronenöl für Korbmöbel

Korbmöbel benötigen von Zeit zu Zeit eine gründliche Reinigung. Verwenden Sie dazu Salzwasser und eine Bürste. Danach klar abspülen und sorgfältig trockenreiben. Gelegentliches Abreiben mit Zitronenöl verhindert das Austrocknen der Weide. Über den Winter die Weidenmöbel nicht in völlig trockenen Räumen aufbewahren. Weide braucht Feuchtigkeit, damit sie geschmeidig bleibt.

Einfache Ledermöbelpflege
Damit Ihre Ledermöbel schön bleiben, sollten Sie die guten Stücke mit einem feuchten Tuch und Sattelfett reinigen. Das Brüchigwerden vermeidet man, wenn man sie regelmäßig mit einer Mischung aus einem Teil Essig und zwei Teilen Leinölfirnis abreibt.

Flecken an der Wand
Geringe Verschmutzungen oder Fingerspuren lassen sich mit einem weichen, weißen Radiergummi beseitigen. Bei Fettflecken: Auf eine ausgediente saubere Puderquaste Talkumpuder streuen und den Flecken abreiben.

Für abwaschbare Wände hilft ½ Tasse Salmiakgeist, ½ Tasse Essig und ½ Tasse Waschnatron. Das ganze in vier Liter warmes Wasser gemischt, ist eine vorzügliche Reinigungslösung.

Hartnäckige Flecken im Teppich
Eine seifige Lösung aus Waschmittel und warmem Wasser herstellen. Die Seifenlauge mit ei-

Rund um den Haushalt

ner weichen Bürste auf den Flecken reiben und gut abtrocknen. Ist der Fleck nicht ganz verschwunden, Vorgang wiederholen.

Teppichbremsen
Teppiche rutschen auf glatten Fußböden leicht weg. Besonders auf Parkett kann man die tollsten Schlitterpartien erleben. Kleben Sie deshalb breite Einmachgummis unter alle vier Ekken.

Gute Luft für die Teppiche
Wenn Sie Teppiche lagern müssen, dann wickeln Sie sie nicht in Plastikfolie ein, da Teppiche den

Luftaustausch brauchen. Saugen Sie ihn ab und belegen ihn mit Seidenpapier. Dann in frisches Zeitungspapier einschlagen und zubinden. Die Zeitung nicht direkt auf den Teppich wegen der Druckerschwärze.

Geflochtene Naturfaser-Teppiche
Diese praktischen Naturfaser-Teppiche lösen sich gerne an den Nahtstellen. Statt sie mühsam zu nähen, verwenden Sie zum Reparieren klaren Klebstoff. Diese Methode ist einfacher und geht schneller.

Kaugummi im Teppich
Ist ein Kaugummi im Teppichboden festgetreten, bekommen Sie ihn ganz einfach wieder ab. Legen Sie einen Eiswürfel aus dem Gefrierfach auf den Kaugummi, Sie können ihn schon nach ganz kurzer Zeit vom Teppich ablösen.

Keine Stolperfallen mehr
Die Ecken und Kanten von den Teppichen biegen sich leicht um und sind regelrechte Stolperfallen. Befeuchten Sie die Ecken leicht und bestreichen Sie sie von der linken Seite mit Tischlerleim. Gut trocknen lassen. Anschließend

Rund um den Haushalt

bleibt der Teppich schön liegen, ohne sich wieder aufzudrehen.

Leuchtende Farben für den Teppich
Tragen Sie lauwarmes Essigwasser mit einem Schwamm auf den Teppich auf und reiben es gut ein. Sie setzen hierfür eine Mischung von zehn Teilen Wasser und einem Teil Essig an. Bevor Sie den Teppich wieder betreten, lassen Sie ihn gut durchtrocknen.

❦ *Ohne Chemie Fliegen vertreiben*
- ❦ Versuchen Sie es erst einmal mit Durchzug.
- ❦ Wenn das nichts hilft, stellen Sie einen flachen

Hausputz

Teller mit Lorbeeröl auf. Besonders während der heißen Tage schwirren die Fliegen ständig in der Küche herum und versuchen, sich durchzufuttern. Stellen Sie auf den Fensterbänken Teller mit Essigwasser auf oder lassen Sie von Zeit zu Zeit einen Tropfen Essig auf der Herdplatte verdampfen.

Reinigung für den Kleiderschrank
Jeder Kleiderschrank hat von Zeit zu Zeit eine Reinigung nötig. Nach dem Auswaschen sollten Sie ihn noch von innen mit einigen Tropfen Zitronenöl, das Sie in Drogerien erhalten, einreiben. Ihr Schrank duftet dann für lange Zeit schön frisch. Außerdem schützt das Öl auch vor Motten.

Aromatischer Nelkenduft
Spicken Sie getrocknete Orangenschalen mit Gewürznelken und stellen diese in die Küchenschränke.

Sie können damit auch in den Zimmern Wohlgeruch verbreiten.

Wohnungsmief
Sie vertreiben den Mief aus dem Haus, wenn

Rund um den Haushalt

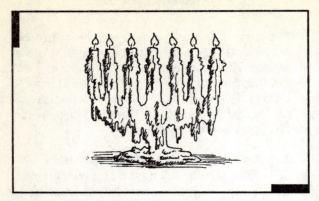

- Sie zwei bis drei Baumwolltücher mit Fichtennadelöl beträufeln und unsichtbar im Zimmer verteilen.
- Diese Methode ist umweltfreundlich und ersetzt entsprechende Sprays sehr wirksam.

Saubere Kerzenleuchter
Wenn der Kerzenleuchter mit Wachs überzogen ist, versuchen Sie es gar nicht erst mit abkratzen. Ganz einfach geht es, indem Sie den Leuchter ca. eine Stunde ins Gefrierfach legen. Sie werden sehen, das Wachs geht dann kinderleicht ab.

Spinnweben
Spinnweben immer mit einer Aufwärtsbewegung abfegen. Wischt man sie herunter, bleiben sie an der Wand kleben.

Verstaubte Bücher
Benutzen Sie den Staubsauger. Es fällt dann kein Staub in die Bücher.

Verzwickte Winkel reinigen
Unter den Kühlschrank, unter die Heizung oder unter niedrige Möbel gelangen Sie leicht, wenn Sie an einen Meterstab (Zollstock) ein oder zwei alte Socken mit einem Gummiband befestigen!

Oder befestigen Sie einen flachen Schwamm am Meterstab, um an die fraglichen Stellen heranzukommen.

Rund um den Haushalt

Nähen und Stricken

Magnet für die Nadeln
In den Nähkorb gehört ein kleiner Magnet mit hinein. Während Ihrer Näharbeit können Sie hier die Nadeln deponieren, ohne ständig auf der Suche nach heruntergefallenen Nadeln zu sein.

Nähetui für die Reise
Ein leeres Streichholzbriefchen knicken Sie an den Seiten mehrmals um, und wickeln um jede Kerbe einen andersfarbigen Faden. Mehrere Nadeln, mit der Spitze nach innen, und Ihr Nähetui ist fertig.

Nähen und Stricken

Knöpfe mit vier Löchern
Knöpfe mit vier Löchern halten viel länger, wenn Sie jeweils nur durch zwei Löcher nähen. Verknoten Sie jeden Faden extra, und falls sich ein Faden löst, hat der Knopf noch Halt am anderen.

Knopflöcher
Vor dem Waschen sollten Sie die Knopflöcher an Wolljacken überwendlich zunähen. Sie verhindern, daß sie sich ausleiern.

Der Knopf am Mantel
Bei Mänteln oder schweren Stoffen, sollten die Knöpfe nicht zu dicht angenäht werden. Stekken Sie eine dickere Stricknadel zwischen Stoff und Knopf und nähen diesen an. Stricknadel herausziehen und die Fäden gut vernähen.

Leicht durch das Nadelöhr
Das Einfädeln des Fadens ist viel einfacher, wenn man den Faden über einem kontrastfarbenen Blatt ins Nadelöhr führt. Nehmen Sie das nächste Mal bei weißem Faden ein Stück schwarzes Papier.

Rund um den Haushalt

Nadel einfädeln
Das Einfädeln geht leichter, wenn Sie das Fadenende in etwas Haarspray tränken. Nach kurzem Antrocknen können Sie den Faden leichter durch das Nadelöhr bringen.

Damit die Knöpfe halten
Die Knöpfe an Kinderkleidung werden doch meist sehr strapaziert. Nähen Sie die Knöpfe mit Zahnseide oder einem elastischen Faden an. Sie werden viel länger als sonst halten.

Keine Nadellöcher im Stoff
Markieren Sie den Saum mit Schneiderkreide

Nähen und Stricken

und befestigen ihn dann mit Haarklips! Sie brauchen nicht zu stecken oder zu heften, und es bleiben keine Löcher im Stoff.

Reißverschlußtips
Reißverschlüsse sollten vor dem Waschen geschlossen werden, damit sie hinterher wieder gut funktionieren.

Ist der kleine Griff abgebrochen, kann man ihn einfach durch einen kleinen Schlüsselring ersetzen.

Einen Reißverschluß wiederverwenden
Sprühen Sie den Reißverschluß reichlich mit Stärke ein, und er wird sich wie ein neuer einnähen lassen.

Druckknöpfe annähen
Zuerst das erhabene Druckknopfteil annähen. Mit Schneiderkreide über den Knopf des erhabenen Teils fahren, das Gegenstück des Stoffes darüber legen und mit dem Finger andrücken. Damit haben Sie genau die Stelle markiert, an der Sie das Gegenstück des Druckknopfes annähen müssen.

Rund um den Haushalt

Haltbarer Saum
Bei einem glatten, rutschigen oder auch sehr feinen Stoff machen Sie immer nach wenigen Stichen einen Knoten. Sollte der Faden dann reißen, haben Sie nur das kurze Stück zwischen den Knoten wieder zu nähen.

Bevor Sie zuschneiden
Vergewissern Sie sich vor dem Zuschneiden, daß auch alle Teile bei einem Stoff mit »Strich« (z.B. bei Cord, Samt und manchen Wollstoffen) in der richtigen, gleichen Richtung liegen. Auch daß das Muster richtig zusammenpaßt.

Nähen und Stricken

Perfekte Kleiderlänge
Mit einer Gummi-Saugglocke können Sie perfekt die gewünschte Kleiderlänge markieren.

Stellen Sie die Saugglocke auf den Boden und zeichnen Sie am Stiel die vorgesehene Rocklänge an. Gehen Sie nun mit der gut stehenden Glocke rund um das Kleid, und markieren Sie mit Schneiderkreide oder mit Stecknadeln die angegebene Länge. Nachdem Sie beide Hände frei haben, dürfte das kein Problem sein.

Nadelkissen zum Selbermachen
In einen Stoffbeutel füllen Sie ein bis zwei Ballen mit feiner Stahlwolle, und nähen ihn dann zu. Das selbstgemachte Nadelkissen schärft die Nadeln gleichzeitig.

Nie mehr einen Schal verlieren
Sie brauchen nur einen Aufhänger unterhalb des Armloches annähen und da den Schal nach dem Ausziehen hindurchziehen. Wenn Sie ständig ihre Schals verlieren, so ist dies ein Tip für Sie.

Jeans – schnellgeflickt
Bewahren Sie die Gesäßtaschen von alten Jeans immer auf. Wenn Sie dann Löcher zu flicken

Rund um den Haushalt

haben, sind stets schon fertig gesäumte Flicken zur Hand.

Schäumendes Nadelkissen
Für die Steck- und Nähnadeln eignet sich ein Seifenstück hervorragend. Gleichzeitig gehen die Nadeln durch schwere Stoffe besser durch, weil sie durch die Seife »geschmiert« werden.

Seife für dicke Stoffe
Reiben Sie die Nahtstelle mit einem harten Seifenriegel ein. Die Nadel der Nähmaschine geht viel leichter durch den Stoff.

Nähen und Stricken

Ausgeleierte Wolle
Die Ärmel und die Bündchen der Wollpullover leiern meistens am schnellsten aus. Tauchen Sie die betreffenden Stellen kurz in heißes Wasser und trocknen Sie sie dann mit dem heißen Fön. Durch die Wärme ziehen sich die ausgeleierten Teile wieder zusammen.

Jeansflicken
Auf die Innenseite der ganz neuen Jeans nähen Sie gleich am Anfang Flicken auf die Knie. Die Hose wird nicht so schnell aufgetragen.

Mit Dampf neu gestrickt
Wenn Sie die Wolle eines alten Pullovers wieder verarbeiten wollen, dann wickeln Sie sie über das Bügelbrett und bügeln sie mit dem Dampfbügeleisen auf. Zum Schluß schön locker aufwickeln.

Pullover mit Strümpfen schützen
Sind die Ellbogen Ihres Pullovers schon recht dünn, nähen Sie von innen ein Stück von einer Strumpfhose hinein. Der Flicken ist weich und dehnbar, von außen nicht zu sehen, schützt aber zuverlässig das Gestrick.

Rund um den Haushalt

Schutz vorm Gilb
Ihre weißen Wollsachen werden vor dem Vergilben geschützt, wenn Sie sie in blaues Papier oder blaues Leinen einwickeln.

Weichspüler für die Wolle
Spülen Sie Ihre Wollsachen in lauwarmem Wasser aus, und geben Sie dem letzten Spülwasser etwas Essig zu. Sie können dann auf jeden Weichspüler verzichten, denn der Essig macht die Wolle schön weich.

Der Pullover hat seine Form verloren
In lauwarmes Wasser etwas von dem guten

Nähen und Stricken

Haarshampoo geben und den Pullover darin einweichen. Der Versuch lohnt sich, denn dadurch kann die Wollfaser genügend weich werden, um wieder in Form zu kommen.

Guter Überblick über die Wolle
Arbeiten Sie mit mehreren Wollknäueln gleichzeitig? Dann legen Sie ihre Knäuel in einen Schuhkarton und stechen für jeden Faden ein Loch in den Deckel. Der Fadensalat hat ein Ende. Sie können aber auch eine durchsichtige Plastiktüte dazu hernehmen. Auch hier stechen Sie für jeden Faden ein Loch hinein.

Abzeichen und Embleme problemlos annähen
Am besten ist, wenn Sie zuerst auf die Rückseite des Abzeichens etwas Klebstoff auftragen und es dann an die richtige Stelle pressen, einige Minuten antrocknen lassen. So kann das Abzeichen leichter angenäht werden, ohne daß es verrutscht. Der Klebstoff wird beim Waschen allmählich ganz von selber herausgehen.

Damit der Pullover nicht fusselt
Legen Sie Ihren Angorapullover ins Tiefkühl-

Rund um den Haushalt

fach, wenn er zu viele Fusseln verliert. In eine Plastiktüte gehüllt, lassen Sie ihn 10 bis 15 Minuten im Gefrierfach, bevor Sie ihn anziehen.

Lose Maschen auffangen
Mit einem Nadel-Einfädler ziehen Sie die lose Masche nach hinten. Ist der Faden lang genug, ist es sinnvoll, ihn auf der Rückseite zu verknoten.

Schnittmuster halten länger
Besprühen Sie neue Schnittmuster zuerst mit einem Imprägniermittel. So verknittern die Bogen weniger, reißen nicht ein und halten länger.

Weg mit den Flecken

Blumenflecken
Blumenflecken aus Leinenstoffen werden mit Waschbenzin entfernt.

Aus Wollstoffen löst man die Flecken mit heißem Seifenwasser, dem etwas Chlor beigefügt wurde.

Eigelbflecken
Das Eigelb zuerst völlig eintrocknen lassen. Nachdem die Substanz abgekratzt ist, wird der verbleibende Fleck mit Waschbenzin behandelt.

Klebstoff an der Kleidung
Aceton mit einem Schwamm auftragen. Damit

Rund um den Haushalt

lösen Sie hartgewordenen farblosen Klebstoff ohne Probleme. Das Kleidungsstück anschließend in warmem Seifenwasser waschen.

Kaffee
Frische Kaffeeflecken wäscht man mit Salzwasser aus. Sie können die Flecken auch mit kalter Milch einreiben und mit normalem Seifenwasser nachwaschen.

Grasflecken
Mit einer Mischung aus 50 g Wasser, 50 g Salmiakgeist und 5 g Wasserstoffsuperoxyd lassen sich die Flecken leicht entfernen. Wenn die Lösung

eingezogen ist, wird mit kaltem Wasser nachgewaschen.

Kugelschreiberflecken
Kugelschreiber- und Filzstiftflecken sind oft schwer zu reinigen. Zuerst mit Spiritus den Flecken vorbehandeln.

Wenn kein Spezialentferner zur Hand ist, nehmen sie Haarspray. Reichlich aufsprühen und mit einem sauberen Tuch nachreiben.

❦ Blutflecken
- Frische Blutflecken sollte man immer erst mit kaltem Wasser behandeln
- Bei älteren Flecken hilft Salz und lauwarmes Seifenwasser.

❦ Honigflecken
- Zuerst den Honig mit verdünnter lauwarmer Sodalösung aufweichen. Später spült man mit klarem Wasser nach.

❦ Joghurtflecken
- Joghurt antrocknen lassen und ausbürsten. Die Rückstände werden mit lauwarmem Wasser behandelt.

Rund um den Haushalt

🌿 *Fett- und Ölflecken*
Auf die Flecken sofort Salz streuen. Das Fett wird vom Salz aufgesaugt. In den meisten Fällen entsteht nur ein sehr schwacher Fleck. Wenn alle Bemühungen, einen Fettfleck aus einem indanthren gefärbten Kleidungsstück zu entfernen gescheitert sind, reiben Sie den Fleck mit Schmalz ein. Anschließend in heißem Seifenwasser waschen und spülen.

🌿 *Fleckenwasser selbst gemacht*
Die meisten Fleckenwasser bestehen aus 2 Teilen Wasser auf 2 Teile Spiritus. Diese

Weg mit den Flecken

- Grundsubstanz handelsüblicher Fleckenwasser können Sie leicht selber herstellen.

Alkoholflecken
- Frische Alkoholflecken können mit kaltem Wasser gereinigt werden. Bei Bierflecken empfiehlt sich lauwarmes Wasser; bei Rotwein bestreut man den Fleck vorher dick mit Salz und wäscht mit heißem Wasser nach.

Obstflecken
- Flecken in nicht kochfesten Geweben werden mit Essigessenz beträufelt und in einer lauwarmen Seifenlauge gewaschen.

  Auf Blaubeerflecken wird Zitronensaft geträufelt, dann das Stück mit Joghurt bestreichen. Eine halbe Stunde einwirken lassen und mit lauwarmem Wasser auswaschen.

Fettflecken auf der Wolljacke
- Bei Fettflecken auf Wollgeweben wirkt sprudelndes Mineralwasser Wunder. Auch Rotweinflecken (z.B. auf dem Teppich oder Sofa) verschwinden sprudelnd.

Rund um den Haushalt

- *Kaugummi auf der Kleidung*
- Packen Sie das Kleidungsstück in eine Plastiktüte und dann ab in das Gefrierfach. Der gefrorene Kaugummi läßt sich leicht abkratzen.

- *Gegensätze ziehen sich an*
- Versuchen Sie es doch einmal und entfernen Sie den nächsten Rotweinfleck auf Ihrem hellen Teppich mit Weißwein.

Schweißränder verhindern
Sprühen Sie das Kleidungsstück außen und innen mit einem Imprägnierspray ein, und es werden keine unansehnlichen Ränder erscheinen.

Weg mit den Flecken

Tomatenflecken

Neue Flecken lassen sich mit warmem Seifenwasser auswaschen. Alte Flecken in Seifenlauge einweichen und etwas Wasserstoffsuperoxyd dazugeben.

Wachsflecken entfernen

Saugfähiges Papier (Lösch- oder Toilettenpapier) auf und unter den Fleck legen und mit dem warmen Bügeleisen darüberbügeln. Das Wachs wird flüssig und vom Papier aufgesaugt. Eventuelle Reste lassen sich mit Fleckenwasser entfernen

Teerflecken

Zuerst den Teerfleck mit Petroleum entfernen und dann mit Waschmittel auswaschen. Die meisten Stoffe werden durch Petroleum nicht entfärbt, aber sicher ist sicher. Probieren Sie es besser vorher

Essigwasser gegen Glanzflecken

Glanzflecken auf Kleidungsstücken sind häßlich. Sie verschwinden durch Bürsten mit Essigwasser. Vier Teile Wasser, ein Teil Essig.

Rund um den Haushalt

Wäsche und Schuhe

Wissen Sie den Härtegrad Ihres Wassers?
Fragen Sie bei Ihrem zuständigen Wasserwerk nach dem Härtegrad Ihres Wassers. Die Waschmittel-Dosierung hängt nämlich davon ab. Das Waschergebnis kann sich durch zu wenig Waschmittel genauso verschlechtern, als wenn Sie zuviel nehmen. Beim Wasserwerk wird man Sie sicher gerne beraten.

Fusseln aus der Waschmaschine
Wenn Ihre Waschmaschine einen freien Ablauf hat und der Schlauch in die Spüle oder das Waschbecken entleert wird, binden Sie um das Schlauchende ein Stück Perlonstrumpf und befestigen

ihn mit einem Gummiband. Sie werden staunen, wie viele Fusseln daran hängen bleiben und dadurch nicht Ihren Abfluß verstopfen.

Die Waschmaschine schäumt über
Streuen Sie etwas Salz auf den Schaum. Ein paar Spritzer Essig erfüllen den gleichen Zweck.

Kein Geklapper in der Waschmaschine
Damit Schnallen von Hosen o. ä. in der Waschmaschine oder im Trockner nicht klappern, stecken Sie die Metallteile einfach in die Taschen und befestigen sie mit Sicherheitsnadeln.

Waschlauge doppelt genutzt
Wenn es möglich ist, sollten Sie die Waschlauge aus Ihrer Waschmaschine in die Toilette laufen lassen. Das reinigt nicht nur gründlich, sondern es spart zusätzliche chemische Reinigungsmittel, die die Umwelt nur noch mehr belasten würden.

Weichspüler für die Handwäsche
Für die Handwäsche ist Essig ein besonders guter Weichspüler. Die Seife wird durch den Essig neutralisiert und Sie brauchen dadurch nur zwei-

Rund um den Haushalt

mal spülen. Außerdem werden die Farben schön aufgefrischt.

Eingehüllte Wäsche
Ein alter Kissenbezug ist eine ideale Wäschehülle zum Waschen. Empfindliche Kleidung wird geschont, und wenn es ein sehr fusseliges Teil ist, verstopft das Flusensieb in der Waschmaschine nicht so schnell.

Rund um den Kragen
Wenn der Kragen vergilbt ist, tragen Sie eine Paste aus Essig und Natron auf. Stockflecken können Sie damit auch reinigen. Ist der Kragen

stark verschmutzt, nehmen Sie ein Haarwaschmittel und streichen Sie den Hemdkragen ein, bevor das Hemd in die Waschmaschine kommt. Haarwaschmittel löst Körperfette.

Abendkleid-Schutz
Ist das Wetter abscheulich, Ihr langes Kleid aber Ihr allerbestes, so schützen Sie es wie folgt: Schneiden Sie in einen großen Müllsack zwei Löcher für die Beine, steigen Sie hinein und binden Sie den Sack in der Taille fest. Sie werden auf dem Weg vielleicht etwas merkwürdig aussehen, aber Ihr Kleid wird auf dem Fest in vollem Glanz erstrahlen.

Wasserdampf gegen Kleiderfalten
Dieser Tip ist für die Reise sehr wertvoll. Verknitterte Kleidung in das Badezimmer hängen und die Dusche mit heißem Wasser 5 Minuten laufen lassen. Die Badezimmertüre in dieser Zeit geschlossen halten. Der Dampf dringt in den Stoff ein und die Falten lösen sich auf.

Saubere Arbeitskleidung
Bei sehr schmutziger Arbeitskleidung geben Sie dem Waschwasser drei Eßlöffel Salz zu.

Rund um den Haushalt

Schnell gestärkt
Wenn Sie viel Wäsche zu stärken haben, sprühen Sie die Stärke auf, solange die Wäsche noch naß an der Leine hängt. So können Sie die Wäsche von beiden Seiten besprühen und sie gleich bügelfertig machen.

Team-Work
Besorgen Sie für jedes Familienmitglied einen andersfarbigen Wäschekorb, und jeder ist dann für den seinen verantwortlich.

Imprägnieren kinderleicht
Stoffe werden wasserdicht und schmutzabwei-

send, wenn man sie in eine Alaunlösung legt und trocknen läßt. Diese Prozedur ist für Anoraks und Kinderhosen besonders zu empfehlen. Küchenschürzen sehen schöner aus und werden nicht so leicht schmutzig.

Bügel fürs Schwergewicht
Haben Sie nicht genug kräftige Bügel für die schweren Wintersachen? Wickeln Sie zwei Drahtbügel fest mit einer Schnur oder mit Klebeband zusammen, und fertig ist der stabile Bügel!

Mottenschutz
Gewürznelken sind ein wunderbarer Mottenschutz, der außerdem angenehm riecht. Legen Sie zusätzlich zu Mottenkugeln oder -streifen einige Gewürznelken in die Taschen von Wollsachen, bevor Sie sie verstauen.

Strammgezogene Bettlaken
Machen Sie beim Bettenbeziehen je einen Knoten an allen vier Bettlaken-Ecken. Dann rutscht das Leintuch nicht so leicht raus.

Schnelles Bügeln
Spannen Sie über das Bügelbrett eine wider-

Rund um den Haushalt

standsfähige Alufolie und decken sie mit einem dicken Moltontuch ab. Dadurch wird beim Bügeln die Hitze stärker reflektiert und Sie sparen Strom.

Kalkreste im Dampfbügeleisen
Bevor Sie mit dem Bügeln beginnen, lassen Sie das Eisen erst ein paarmal abdampfen. Eventuelle Kalkreste rieseln von ganz alleine heraus.

Dreckfänger für die Schuhe
Damit der Fußboden sauber bleibt, stellen Sie schmutzige und nasse Schuhe auf Eierkartons.

Wäsche und Schuhe

Das Wasser wird aufgefangen und die Kartons lassen sich leicht auswechseln.

Damit die Lackschuhe nicht frieren
Lackleder verträgt keine Kälte. Bevor Sie nach draußen gehen, ziehen Sie sie mindestens eine halbe Stunde vorher an. Das Leder ist von den Füßen angewärmt und das Lackleder bekommt nicht so schnell Risse.

Nasse Schuhe
Stecken Sie Zeitungen in die Schuhe, wenn sie sehr naß geworden sind. Die Feuchtigkeit wird ganz schnell aufgesaugt. Stellen Sie die Schuhe aber nicht an die Heizung zum Trocknen, sondern an einen mäßig warmen Ort. Und da Motten die Druckerschwärze nicht mögen, ist es zusätzlich ein Schutz gegen die Plagegeister bei Pelzstiefeln.

Faltenfreie Lackschuhe
Vor dem ersten Tragen sollten Sie ihre Lackschuhe mit reinem Rizinusöl einreiben. Ihre Schuhe bekommen dann nicht so schnell Gehfalten und der Lack bricht auch nicht so schnell. Putzen Sie die Schuhe blank, wenn das Öl eingetrocknet ist.

Rund um den Haushalt

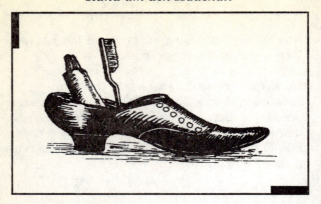

Probieren Sie es auch, wenn schon Risse vorhanden sind. Durch das Öl ziehen sie sich wieder zusammen.

❦ *Wildleder-Schuhe*
❦ Schmutzstreifen und Regenflecken lassen sich
❦ mit ganz feinem Sandpapier entfernen.

Ausgefranste Schnürsenkel
Sind die Schuhbänder erst einmal ausgefranst, so lassen sie sich nicht mehr richtig einfädeln. Es geht dann viel einfacher, wenn sie einen schmalen Streifen Klebefilm herumwickeln.

Wäsche und Schuhe

Segeltuchschuhe
Segeltuch- oder Stoffschuhe sehen länger wie neu aus, wenn sie vor dem ersten Tragen reichlich mit einem Imprägnierungsmittel eingesprüht werden.

Wenn der Schuh drückt
Man tränkt einen Wattebausch in Spiritus und reibt die betreffende Stelle (auf der Innenseite des Schuhs!) damit ein. Beide Schuhe sofort anziehen und damit herumgehen. Wiederholen Sie das so oft, bis der Schuh paßt.

Milch für selbstgefärbte Stoffe
Selbstgefärbte Stoffe kann man waschecht machen, wenn man sie eine Nacht lang in Milch einlegt. Farbempfindliche Stoffe kann man auffrischen, wenn man dem Spülwasser etwas Essig zusetzt.

Cordsamt stärken
Wenden Sie häufig gewaschene Cordsamthosen, und sprühen Sie die Stärke auf die Innenseite auf, bevor sie zu bügeln beginnen. Das gibt dem Stoff mehr Form.

Rund um den Haushalt

Gut rasiert!
An Mischgeweben entstehen immer wieder kleine Fusselbällchen. Besonders an den Manschetten und am Kragen sieht es häßlich aus. Sie sind mit dem Elektrorasierer ganz einfach zu entfernen.

Eingefrorene Strumpfhosen
Neue Strumpfhosen sollten naß gemacht und vorsichtig ausgewrungen werden. Dann legen Sie sie in eine Plastiktüte und rein ins Gefrierfach. Sie haben richtig gelesen. Dadurch hält die Strumpfhose wesentlich länger. Hängen Sie sie zum Trocknen und Auftauen ins Badezimmer.

Der Garten drinnen und draußen

Der Garten drinnen und draußen

Balkon- und Zimmerpflanzen

Apfelduft läßt Blumen blühen
Viele junge Topfpflanzen blühen früher, wenn man neben sie reife Äpfel legt und eine Plastikfolie darüber zieht. Die Reifegase der Früchte beschleunigen die Knospenbildung. Deshalb stellt man auch nie die Obstschale neben die Blumenvase. Die Blüten welken erheblich früher.

Wasservorrat für das Wochenende
Wer öfter übers Wochenende verreist, sollte sich einen Träufelschlauch besorgen, damit die Balkonkästen gleichmäßig feucht gehalten werden.
Für eine Übergangslösung stellt man die Kästen in ein mit Wasser gefülltes größeres Gefäß.

Balkon- und Zimmerpflanzen

Die Pflanzen holen sich über die Löcher in den Kästen soviel Wasser, wie sie brauchen.

Balkonkasten mit doppeltem Boden
Stellt man den Balkonkasten in einen anderen, der eine Nummer größer und unten nicht durchbohrt ist, kann man für ein verlängertes Wochenende auf Vorrat gießen.

Zigarrenasche gegen Ungeziefer
Zigarrenasche sollten Sie statt in den Müll in die Blumentopferde Ihrer Zimmerpflanzen oder in die Balkonkästen streuen. Das ersetzt viele Ungezieferverhütungsmittel.

Keine Durststrecke im Urlaub
Balkonkästen und Zimmerpflanzen werden vor der Urlaubsreise an einer halbschattigen Gartenstelle in eine spatenstichtiefe Grube gestellt und durchsichtige Folie darüber gespannt. Sind die Pflanzgefäße in nassen Torf eingefüttert, können sie dort wochenlang ohne einen Tropfen zusätzlichen Wassers auskommen.

Ein Pfennig für den Blütenstrauß
Schwach desinfizierende Stoffe im Vasenwasser

Der Garten drinnen und draußen

verlängern das Leben von Schnittblumen. So erklärt sich die Wirkung von Kupferpfennigen, Aspirin und anderen Heilmitteln, winzigen Mengen von Alkohol, Salmiak, Alaun, Holzkohlepulver und Essig.

Weiches Wasser für die Zimmerpflanzen

Das eiskalte Wasser aus der Leitung lieben die meisten Pflanzen überhaupt nicht. Das Gießwasser sollte in einem offenen Gefäß einige Zeit abstehen, damit der Kalk sich absetzen und der Chlor verdampfen kann. Die Wassertemperatur steigt in der Zwischenzeit auf Zimmertemperatur.

Balkon- und Zimmerpflanzen

Abgestandenes Mineralwasser gibt den Pflanzen Kraft und Farbe.

Blattputz
Staub auf Blattpflanzen im Zimmer wischt man mit einem trockenen, weichen Tuch ab. Blattglanzmittel sind mit Vorsicht zu genießen, denn sie verstopfen eher die Poren und die Blätter scheinen nach ihrer Anwendung viel schneller als sonst nach einem neuen Blattputz zu verlangen.

Frische Luft für Zimmerpflanzen
Der Aufenthalt im Garten wirkt belebend auf viele Zimmerpflanzen. Unter einer Baumkrone, wo sie vor heftigem Regen und anderem geschützt sind, bleibt es für sie auch an heißen Tagen erfrischend kühl. Damit die Wurzeln nicht ins umgebende Erdreich wachsen, höhlt man unter jedem eingesenkten Topf eine Vertiefung aus.

Blumenampeln
Wenn Sie viele Blumentöpfe aufhängen, aber nicht für jeden einzelnen einen Haken in die Decke schrauben wollen, versuchen Sie folgen-

Der Garten drinnen und draußen

des: Bringen Sie einen sehr kräftigen Haken an jeder Seite des Fensters an, spannen Sie eine Stange oder Kette zwischen die Haken, und hängen Sie die Blumentöpfe der Reihe nach daran auf.

Kampf den Erdflöhen
Wenn sich in Ihren Zimmerpflanzen Erdflöhe eingenistet haben, einfach ein Streichholz (Schwefelkopf nach unten) in die Erde stecken.

Kranke Pflanzen nicht düngen
Nicht gedüngt werden erkrankte Pflanzen, das könnte ihnen eher schaden.

Balkon- und Zimmerpflanzen

Erst wenn der Schaden beseitigt ist, wird mit schwachen Dosen langsam wieder begonnen.

In Blumentöpfen keine Regenwürmer
Blumentopferde sollte regenwurmfrei sei; deshalb stellt man die Töpfe eine Stunde in Wasser, so daß alle Würmer herausgekrochen kommen.

Wasser aus der Plastikflasche
Eine Plastikflasche ohne Boden wird kopfüber in den Wurzelballen gebohrt. Aus dem Verschluß läßt man durch feine, mit heißen Nadeln gebohrte Löcher, gerade so viel Wasser austreten, wie laufend verbraucht wird.

Die Flasche wird an eine Blumenstütze gebunden, wenn sie gefüllt zu schwer wird.

Auf diese Weise wird auch der flüssige Dünger gleichmäßig zugeführt.

Gut gelüftete Blumentöpfe
Statt Styroporschnipsel aus Verpackungen wegzuschmeißen, sollte man diese unter Blumenerde mischen. So wird das Gewicht der Blumentöpfe erheblich reduziert und gleichzeitig für gute Durchlüftung und Drainage im Wurzelballen gesorgt.

Der Garten drinnen und draußen

Feuchtigkeit für die Pflanzen
Wenn Sie das nächste Mal duschen oder baden, nehmen Sie ihre Zimmerpflanzen doch mit ins Badezimmer. Der Wasserdampf tut Ihren Pflanzen gut.

Holzkohle in die Vase
Damit kein unangenehmer Geruch in der Vase durch faulende Blumenstiele entsteht, legen Sie einfach ein Stück Holzkohle mit ins Wasser.

Farne lieben Milch
Ihr Farn gedeiht noch viel besser, wenn Sie 1 mal

Balkon- und Zimmerpflanzen

die Woche einen Schuß Milch dem Gießwasser zusetzen.

Neuer Topf – neuer Start
Ist die winterliche Ruhezeit erst einmal zu Ende, werden die Zimmerpflanzen umgetopft. Seien Sie vorsichtig, damit der alte Wurzelballen nicht zerrupft wird. Nur die Ballen, die von einem dichten, trockenen Wurzelnetz überzogen sind, sollten Sie etwas auseinanderziehen.

Licht für Zimmerpflanzen
Kleine Markierungen am Blumentopf helfen, sie immer in die gleiche Richtung zum Fenster zu stellen. Alle weniger beweglichen Topfpflanzen wachsen und blühen viel schlechter oder gar nicht, wenn sie sich dauernd neu zum Lichteinfall ausrichten müssen. Wer aber einen einseitigen Wuchs nach außen vermeiden möchte, muß dazu ein gut gewähltes Zusatzlicht innen anbringen.

Kübelpflanzen nicht zu warm halten
Während der Winterruhe brauchen Kübelpflanzen Licht und Luft, aber keine Zugluft, sie dürfen nicht vollständig austrocknen, noch weniger aber

Der Garten drinnen und draußen

zu naß werden. Es sollte kühl sein: 2 bis 10 Grad für Agaven, Oleander, Korallenstrauch und Schönmalve. Wer das im Haus nicht bieten kann, liefert die Töpfe besser in Pension beim Gärtner ab.

Trockenblumen aufhängen
Strohblumen werden kurz bevor sich die Blüten voll geöffnet haben geschnitten und sofort umgekehrt an einem luftigen schattigen Platz aufgehängt. Damit die trocknenden Stiele nicht aus dem Bund fallen, verwendet man Gummiringe.

Verschönerte Fenstergitter
Gitter schützen vor Einbruch, aber dekorativ

sehen die meisten nicht aus. Wenn Sie die Gitter weiß streichen und auf das Fenstersims Töpfe mit Rankengewächsen stellen, haben Sie sehr schnell wunderschön bewachsene Fenstergitter.

Erste Blüten auf dem Balkon
Zwiebelblumen, die recht früh blühen sollen, müssen bereits im Herbst eingepflanzt werden, denn sie müssen kühl und dunkel ihre Wurzeln treiben. Frühe Blüten erhalten Sie durch Zweijahresblumen wie Vergißmeinnicht, Primeln, Stiefmütterchen und Tausendschön.

Chrysanthemen ins kochende Wasser
Chrysanthemen bleiben länger frisch, wenn man die schräg angeschnittenen Stiele eine halbe Minute 10 cm tief in kochendes Wasser hält.

Milchsaftführende Blumenstengel werden ebenfalls so behandelt. Milchsaft wird am Ausfließen gehindert, indem das Stielende kurz in eine Kerzenflamme gehalten wird.

Jedes Jahr frische Erde
Mehrjährige Balkonblumen überwintern in ihren Kästen und werden im Februar in frische Erde umgesetzt, stark zurückgeschnitten und

Der Garten drinnen und draußen

angegossen. Als Substrat mischt man ½ Floratorf und ½ abgelagerte unkrautsamenfreie Komposterde. Wo das nicht zu beschaffen ist, nimmt man Floradur oder TKS.

Saubere Hände nach der Gartenarbeit
Wenn Sie Ihre Blumen umtopfen oder im Garten arbeiten, dann sollten Sie vorher Ihre Hände dick mit einer Fettcreme einreiben. Der Schmutz setzt sich nicht so in die Hautporen oder Fingernägel, und Sie können anschließend Ihre Hände viel leichter wieder reinigen.

Der Ziergarten

Schnelleres Wachstum durch Ruß
Neue Studien in den USA haben ergeben, daß Pflanzen schneller wachsen, wenn man dem Boden Ruß zufügt. Es hat eine rein physikalische Wirkung, und keinerlei düngende. Die Bodentemperatur wird durch die schwarze Farbe des Rußes erhöht, da Wärme- und Lichtstrahlen aufgesaugt werden. Schon früher haben die Weinbauern Schieferplatten in ihren Weinbergen ausgelegt, damit die Reben schneller wachsen. Da Ruß heute nur noch selten zu bekommen ist, sollte man dunkle Steine als Beeteinfassung verwenden.

Der Garten drinnen und draußen

Blitzblanke Gartengeräte
Gartengeräte rosten nicht, wenn man sie in einem Behälter aufbewahrt, der mit einem Gemisch aus Sand und altem Motoröl gefüllt ist.

Zwiebelblumen im Eisschrank
Blumenzwiebeln und -knollen, die zur Winterblüte vorgetrieben werden sollen, brauchen einen Kälteschock, damit ihr Treibmechanismus ausgelöst wird.

Wenn sie dafür nicht im Garten vergraben worden sind, kann man sie auch einige Tage in die vom Kühler entfernteste Ecke des Eisschranks legen.

Der Ziergarten

Kaffeesatz läßt Blumen schöner blühen

Eine Handvoll Kaffeesatz unter Rhodohum oder Humintorf gemischt, gibt die beste Bodendecke für Moorbeetpflanzen wie Azaleen, Eriken, Hortensien und Rhododendren. In Balkonkästen streut man Kaffeesatz für Begonien, Tausendschön, Meerlavendel, Lupinen, Löwenmäulchen, Kosmeen und Studentenblumen.

Der Spaten bleibt blank

Der fleißige Gärnter hat immer einen blanken Spaten, sagt der Volksmund. Aber nur, wenn das Metall nach jedem Gebrauch abgewaschen, trockengerieben und mit Fettlappen poliert wird. Vor dem Winter werden die Holzstiele aller Gartengeräte mit Firnis vor der Verwitterung geschützt.

❦ *Schützen Sie die Igel*

❦ Lassen Sie ein paar Laub- oder Grashügel in
❦ Ihrem Garten liegen, damit der Igel einen
❦ Unterschlupf findet.
❦   Stellen Sie ihm auf keinen Fall Milch hin.
❦ Davon bekommen die Tiere Durchfall und
❦ gehen ein.

Der Garten drinnen und draußen

🌱 *Lavendel gegen Blattläuse*
Der echte Lavendel ist ausgezeichnet gegen Blattläuse. Die Sträucher blühen weiß, blau oder rosa. Sie können zwischen Beetrosen gepflanzt werden. Übrigens schützt Pflanzenöl aus Sojabohnen vor Mehltau und heilt erkrankte Pflanzenteile.

🌱 *Auf dem Rasen soll gespielt werden*
Die Grasnarbe wird dichter, wenn auf dem Rasen gelaufen und gespielt wird, weil die Tritte den Wuchs in die Breite fördern. Es entstehen mehr Seitentriebe, der Bestand ver-

- dichtet sich und wird dadurch widerstandsfähiger.

- **_Nützliche Maulwürfe_**
- Der Maulwurf ist Ihre »Gartenpolizei«, denn er frißt Drahtwürmer, Engerlinge, Insektenlarven, Erdraupen, junge Mäuse und Schnecken. Die hinterlassenen Hügel ebnen Sie einfach wieder ein und schon ist die Angelegenheit erledigt.
-   Übrigens zählen Maulwürfe zu den geschützten Tierarten und dürfen aus dem Garten nur vertrieben und nicht getötet werden.

Maikäfer schützen

Maikäfer werden leider immer weniger. Wenn Sie beim Umgraben einen Engerling finden, so sollten Sie ihn unversehrt lassen. Das gleiche gilt für Maulwurfsgrillen.

Rosen sauber einseifen

Aus 200 g Schmierseife, 100 g Brennspiritus und 10 g Salizylsäure, die zum Einkochen von Marmelade verwendet wird, wird in 10 l Wasser ein Rosenspritzmittel gemischt, das gegen Echten Mehltau und Blattläuse wirksam ist.

Der Garten drinnen und draußen

Rosen nicht vor dem Frost schneiden

Holzwunden heilen an Rosen schon im Sommer langsam, im Winter gar nicht. Werden sie vor dem Frost geschnitten, dringt er ungehindert ein und zerstört die Triebe womöglich bis an die Veredelungsstelle. Deshalb wird erst kurz vor dem Austrieb im zeitigen Frühjahr zurückgeschnitten.

Der Wurzelhals wird im Winter angehäufelt, aber nicht mit Erde aus dem Wurzelbereich, sondern mit einem Hügel Floratorf.

Richtig feucht für Rosen

Rosen sind auf die richtige Menge Regen angewiesen, bleibt der aus, muß gegosssen werden, vor allem die Kletterrosen. Die Rosenblätter sollen dabei nicht unnötig naß werden, sonst regnet es Sternrußtau. Der Boden sollte spatenstichtief durchfeuchtet sein. Bei Landregen schützt man die Rosen unter Klarsichtfolie (aus dem Kleiderbad).

Wenn der Boden rosenmüde wird
Rosen gedeihen schlecht oder nicht, wenn sie an eine Stelle gepflanzt werden, auf der vorher schon Rosen standen. Der Boden ist rosenmüde.

Am besten hilft, die Rosen an eine andere Stelle zu pflanzen. Wo das nicht geht, weil Rosen nur an einem bestimmten Platz stehen können, wird knapp ein Kubikmeter Pflanzlocherde ausgewechselt.

Denn an anderer Stelle des Gartens schadet rosenmüder Boden nichts.

Viel Torf hilft ebenfalls, dem Boden seine Rosenmüdigkeit zu vertreiben.

Krokus und Rasen vertragen sich nicht
Schlecht im Rasen gedeihen Krokusse, deren Wurzelwerk in der harten Grasnarbe verkümmert. Deshalb hat man eine Methode erfunden, bei der 6-cm-Töpfe bis zum Rand in den Rasen

Der Garten drinnen und draußen

eingegraben werden. Der Boden wird mit einem spitzen Hammer herausgeschlagen, damit sich die Wurzeln unter dem flachen Graswurzelwerk ausbreiten können.

Die ideale Rasenaussaatzeit
Spätsommer und Frühherbst sind die ideale Aussaatzeit für Rasenflächen, die neu angelegt werden. Zwischen April und Oktober kann man immer Rasen säen, aber feinsamige Rasengräser sind durchweg Kurztagespflanzen, die bei kürzeren Tageslängen besser keimen. Und gerade diese wertvollsten Gräser sind auf milde Regenzeiten angewiesen.

Der Ziergarten

Angeleinte Zahnbürste
Alte Zahnbürsten, mit einem langen Hosengummi am Handrasenmäher befestigt, sind gut, um die Messer des Mähers zu reinigen.

Lieber einmal gründlich
Wird oft, aber zuwenig bewässert, bilden die Gräser hauptsächlich flache Wurzeln; außerdem werden flachwurzelnde Unkräuter gefordert. Deshalb muß der Boden jedesmal mindestens 10 cm tief durchgefeuchtet werden. Also lieber einmal in der Woche richtig gießen als jeden Tag nur ein bißchen.

Unkraut im Rasen
Gutgedüngter Rasen muß öfter gemäht werden, dadurch wird das Unkraut unterdrückt. Diese Prozedur vertragen nur wenige breitblättrige Unkräuter und verschwinden dann von selbst.

Gänseblümchen im Rasen
Gänseblümchen müssen im Rasen nicht mit allen (chemischen) Mitteln bekämpft werden; denn sie sind schöner als das sterile Grasstoppelfeld. Gute Pflege, regelmäßiger Schnitt und richtiges Wässern sind die beste Unkrautbekämpfung.

Der Garten drinnen und draußen

Hecken schräg schneiden
Nadelholzhecken werden nur von Mitte August bis September geschnitten. Vorher ist grundsätzlich zu prüfen, ob alle Vogelnester leer sind. Die lichthungrigen Arten wie vor allem Fichten müssen nach oben zurückweichend, trapezförmig geschnitten werden, in senkrechter Kastenform verkahlen sie unten und werden dort nie wieder grün.

Alte Stauden werden jung
Altersschwache Stauden werden wieder jung, wenn man sie ausgräbt, in faustgroße Teilstücke zerlegt, hauptsächlich vom Rande her, und diese

an anderer Stelle wieder einpflanzt. Staudensaat ist nur bei solchen Arten möglich, deren Sorten nicht durch Zucht verbessert wurden; sonst verlieren sie alle ihre guten Eigenschaften wieder.

Eine zweite Blüte
Sommersalbei und -margeriten, Rittersporn und Feinstrahl blühen ein zweites Mal, wenn man sie unmittelbar nach der ersten Blüte auf Handbreite zurückschneidet und für reichlich Nährstoffe und Wasser sorgt.

Ziersträucher nach der Blüte
Flieder, Forsythien, Haselnuß, Mandelbäumchen und alle anderen, die am vorjährigen Holz blühen, werden entweder nach der Blüte geschnitten oder im Dezember, um Barbarazweige für die Vase zu gewinnen.

Rhododendrenblüten brechen
Rhododendren brauchen grundsätzlich nicht geschnitten zu werden. Die Blütenstände sollten jedoch vorsichtig ausgebrochen werden, bevor sie Samen angesetzt haben, um den Neutrieb zu erleichtern.

Der Garten drinnen und draußen

Unansehnlich oder kahl gewordene Rhododendren-Sträucher können dagegen bis zu den Wurzeln heruntergeschnitten werden; sie erneuern sich aus den ältesten Stümpfen.

Nur mit sanftem Strahl bewässern
Stauden werden nicht besprengt, sondern der Boden wird mit schwachem Strahl gründlich durchfeuchtet, ohne die Blüten und Triebe zu benetzen.

Dahlien und Gladiolen
Dahlienknollen dürfen im Winter nicht völlig austrocknen, aber auch nicht zu feucht liegen,

möglichst zwischen 3 und 8 Grad. Das beste ist, sie wie ähnliche Knollenarten in angefeuchteten Torf oder Sand zu betten.
Gladiolenknollen dagegen müssen vollständig trocken liegen, bis sie im Frühjahr wieder austreiben.

Waldreben (Clematis) brauchen kalte Füße
Wie alle Waldpflanzen brauchen Waldreben (Clematis) einen kühlen Fuß; also wird der Boden mit einer entsprechenden Vorpflanzung so beschattet, daß trotzdem alle Niederschläge herankommen.

Luft unter dem Eis
Wassertiere im Gartenteich brauchen auch im Winter Luft. Darum wird ein Loch in die Eisdecke geschlagen, eine Handbreit Wasser herausgeholt und das Loch mit einem Bündel Stroh oder Schilf verstopft. Es läßt sich herausziehen, solange es nicht friert.

Seerosen richtig überwintern
Ausgepflanzte Seerosen können im Freien überwintern, sogar im ausgeleerten Becken (falls das

Der Garten drinnen und draußen

sein muß), wenn man eine Schicht von 30 cm trockenem Laub darüberdeckt, das mit Fichtenreisig auf dem Haufen zusammengehalten wird. Nicht winterharte Seerosen dürfen in ihren Körben im Keller nicht zu warm stehen und nicht austrocknen.

Wicken verbrennen

Krankheiten an Wicken lassen sich weitgehend vermeiden, wenn man die Pflanzen jeden Herbst komplett ins Feuer wirft. Fallen die Knospen vor der Blüte gelblich ab, hat das andere Gründe: zu viel oder zu wenig Nährstoffe im Boden, zu viel oder zu wenig Wärme, zu naß oder zu trocken im

Der Ziergarten

Boden. Das läßt sich also mit guter Pflege vermeiden.

Schneedecke hält warm
Schnee wird nicht von der Rasenfläche geräumt, da er der beste Winterschutz für die Gräser ist, solange er locker und leicht liegt. Die Fläche darf aber solange nicht betreten werden, sonst sieht man die Trittspuren noch bis in den nächsten Sommer.

Vorsicht mit abgestorbenem Holz
Abgestorbenes und abgeschnittenes Holz darf nicht im Garten liegenbleiben, weil sich darin holzzerstörende Pilze, Krankheitserreger und Schädlinge ansiedeln, die sich seuchenhaft vermehren und auf gesundes Holz ausschwärmen. Deshalb werden auch Misteln, Baumschwämme, Krebswunden, tote Äste, alte Borke, Herbstlaub, abgekratzte Flechten und Moos verbrannt.

❦ Herbstlaub wird wertvoller Kompost
❦ Unter Obstgehölzen und auf dem Rasen muß
❦ das Herbstlaub weggeharkt werden, damit
❦ sich keine Krankheiten ausbreiten. Im Kom-

Der Garten drinnen und draußen

- poster wird es wertvoller Kompost, wenn es
- gestapelt, gut angefeuchtet und auf jeden
- Quadratmeter 150 g Kalkstickstoff gestreut
- werden. Darüber legt man eine Lage Humintorf
- und erhält schon nach wenigen Wochen brauch-
- baren Humus.

Ziersträucher anhäufeln

Leichten Winterschutz braucht der Sommerflieder Buddleja dort, wo der Austrieb am Stammgrund gesichert werden muß. Dort wird angehäufelt. Für einige Halbsträucher wie Fuchsien, Besenginster, Minze und laubabwerfende Rhododendren ist Anhäufeln ebenfalls ratsam. Ausgepflanzte Topfhortensien erhalten Laub zwischen die Triebe gestreut.

Baumpfähle müssen haltbar sein
Getrocknete Baumpfähle werden, damit sie länger in der feuchten Erde halten, von unten her einen Meter angekohlt, in Kalkmilch, Petroleum oder 4 %iges Kupfervitriol gestellt und nach dem Abtrocknen mit verdünnter Schwefelsäure bestrichen.

Dachpappe hält Gartenwege unkrautfrei
Eine Lage alter Dachpappe unter dem Kiesbelag läßt das Unkraut gar nicht erst hochkommen. Dieselbe Wirkung erzielt eine Zwischenlage von 3 bis 5 cm Gerberlohe unter dem Kies. Gießt man bei trockenem Wetter Salzwasser, verhindert das den Unkrautwuchs.

Weihnachtsbaum mit Wurzeln
Immer beliebter wird es, um den Wald zu schonen, ein Nadelgehölz aus dem eigenen Garten als Weihnachtsbaum hereinzuholen und anschließend wieder auszupflanzen. Das geht gut, wenn man die Tanne langsam an wärmere Temperaturen gewöhnt und nicht zu lange nach dem Fest

Der Garten drinnen und draußen

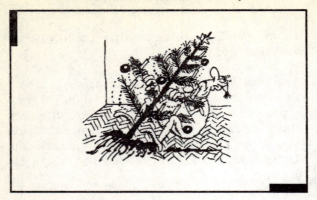

wieder auspflanzt. Die Wurzeln bleiben am besten auch draußen im Topf.

- ***Im Herbst nicht alles abschneiden***
- Der Saubermann-Empfehlung, im Herbst die
- Rabatten kahl zu schneiden, sollte man nicht
- folgen. Vor allem die hohen Gräser und
- Fruchtstände sind im Rauhreif und Schnee
- subtile Zierde. Wärmeliebende Stauden sind
- unter ihrem trockenen Laub ausreichend vor
- Frost, vorzeitiger Erwärmung und nachfolgendem Erfrieren geschützt.

Der Nutzgarten

Frische Kräuter
Kräuter wachsen fast überall und sehen selbst neben den Ziergewächsen noch dekorativ aus. Die meisten stellen denkbar geringe Ansprüche an Boden und Klima, nur sollte man sie nicht mit Mineraldünger behandeln, sonst leiden Geschmack und Haltbarkeit.

Schneckenzaun
Stecken Sie Senfkörnersamen in besonders schneckengefährdete Beete und halten Sie die Erde feucht. Über die bald auskeimenden Senfpflänzchen kommen die Schnecken nicht hin-

Der Garten drinnen und draußen

🌱 weg. Sie mögen das darin enthaltene scharfe
🌱 Öl nicht.

Petersilie – früh ausgesät
Da Petersilie fast täglich in der Küche gebraucht wird, sollten Sie schon Mitte Februar mit der Aussaat im Haus beginnen. Später werden die Pflanzen im Abstand 20 mal 6 bis 8 cm in den Balkonkasten ausgepflanzt.

Petersilie, am liebsten frisch
Die Herzblätter von den größeren Petersilienwurzeln, die im Herbst geschont wurden (nicht geschnitten, nur gedreht), werden Anfang Februa-

ar eingetopft. Die Töpfe werden hell, aber nicht zu warm gestellt. Nicht in die Küche stellen, lieber ins Treppenhaus.

Natürliche »Schneckenmittel«

Erdkröten und Frösche sind die besten Schneckenverzehrer. Man muß ihnen nur ihren natürlichen Lebensraum bieten.

Die Blindschleiche lebt gerne in sonnigen Trockenmauern, Steingärten und Polsterstauden. Ihre Lieblingsspeise sind Nacktschnecken. Eine kleine naturbewachsene Wasserfläche ist ein idealer Lebensraum für Libellen. Sie sind geradezu gefräßige Nacktschneckenvertilger.

Heilpflanzen gegen Schädlinge

Mücken und Fliegen meiden den Duft von Basilikum.

Kapuzinerkresse und Dill schmecken dem Kohlweißling nicht. Wo Pfefferminze wächst, gibt es keine Erdflöhe. Auch Ameisen stören sich an dem Geruch. Gegen Pilzkrankheiten hilft eine Brühe aus Zwiebelschalen. Die Pflanzen werden damit alle vier Wochen besprüht.

Der Garten drinnen und draußen

- **Stark duftende Pflanzen vertreiben Kohlweißlinge**
- Mischkultur von Bohnen, Tomaten, Zwiebeln, Knoblauch und anderen stark duftenden Pflanzen hält Kohlweißlinge davon ab, an den Blattunterlagen ihre Eigelege anzuheften.

- **Mit Bier auf Schneckenfang**
- Die kleinen schwarzen und grauen Nacktschnecken lieben das Bier. Graben Sie einen Becher bis zum Rand in die Erde ein. Sie werden staunen, welche Massen Sie auf diese Weise einsammeln können!

Der Nutzgarten

Brennesseln, nützlich und lecker
Heil- und Würzkräuter haben einen höheren Gehalt an ätherischen Ölen, wenn sie neben Brennnesseln wachsen. Im Fachhandel gibt es Brennesselsamen, der ausgesät wird. Die jungen Pflanzen eignen sich als Salat oder Spinat hervorragend und sind sehr gesund.

Wasser lenkt Knospenfresser ab
Dompfaffen, Buchfinken, Grünfinken und Sperlinge, die Beerenobstknospen im Frühjahr zerpicken, lassen sich oft mit Vogeltränken ablenken, da es ihnen offenbar mehr um das im Frühjahr zeitweise knappe Wasser geht als um die Plünderung der Knospen.

Samentöpfchen aus Pappröhren
Schneiden Sie die Pappröhren von Toiletten- und Haushaltsrollen in Ringe. Es sind ideale Samentöpfchen.

Stellen Sie sie auf ein wasserfestes Tablett und füllen Erde hinein. Dann stecken Sie die Samen rein.

Wenn die Zeit zum Auspflanzen gekommen ist, schieben Sie einen alten Teigheber drunter und setzen das Pflänzchen mitsamt dem Papprand

Der Garten drinnen und draußen

ins Pflanzloch. Die Pappe löst sich im Erdboden auf.

Auch Eierkartons sind zur Kräuterzucht gut geeignet.

Kresse ohne Erde gezogen
In knapp einer Woche wächst frische Kresse aus Zellstoff, Löschpapier, Schwedenkrepp oder Papiertaschentüchern, die man in eine flache Schale legt und feuchthält. Schon nach 4 Tagen kann man anfangen, mit der Schere zu ernten.

Davon werden die Möhren rot
Möhren werden tiefer rot, wenn sie mit kalibeton-

tem Dünger versorgt werden. Die Möhrenköpfe färben sich nicht grün, wenn man die Reihen flach anhäufelt oder mit Humus abdeckt. Freier, offener Stand hemmt Möhrenfliegen ebenso wie Zwischenreihen von Zwiebeln, Lauch und Kresse.

Unterlage für das Osternest
Schon einige Wochen vor Ostern sollten Sie damit beginnen, Kresse auszusäen. Es ist eine schöne Unterlage für das Osternest und kann gleich mitgegessen werden.

Gemüse, die sich nicht vertragen
Ungünstig wirkt die Nachbarschaft auf Gemüsebeeten von Tomaten auf Erbsen, Stangenbohnen auf Erbsen und Lauch, Radies und Rettich auf Gurken, Petersilie auf Kopfsalat, Kohlgewächse auf Kartoffeln und Knoblauch, Kartoffeln auf Erbsen, Erbsen und Fenchel auf Buschbohnen.

❦ *Schneckeneier sammeln*
❦ Während der Eiablage im Herbst kann man
❦ für die Schnecken kleine Nester anlegen, die
❦ mit Holzwolle ausgepolstert sind. In ihnen
❦ finden sich bis zu 400 Eier, die vorbeugend

Der Garten drinnen und draußen

🌱 vernichtet werden. Ebenso sollte man den Komposthaufen absuchen und wo sonst organisches Material gelagert ist.

🌱 Ameisen im Garten
🌱 Ameisen sind grundsätzlich nicht schädlich, man sollte sie nur nicht zu zahlreich werden lassen.

🌱 Frischer Kerbel, Thymian und Majoran jagt sie aus ihren Nestern. Auch der süße Duft von Lavendel wirkt abstoßend auf sie.

🌱 Nikotin schadet auch Schädlingen
🌱 Nikotin ist ein gutes Schädlingsbekämp-

fungsmittel gegen Blattläuse, Schildläuse, Blattwanzen, Wurzelläuse und Milben.

Man kann entweder die Asche auf die Blattlauskolonien streuen oder einen Sud aus Zigarrenresten ansetzen und die befallenen Pflanzen damit begießen.

Keine bitteren Gurken mehr

Bittere Gurken sind nicht krank, sondern verbittert, weil sie an heißen Tagen mit kaltem Wasser geschockt wurden oder nach langer Trockenheit eine Überschwemmung angerichtet wurde.

Junggurken zur Spirale drehen

Zum Vortreiben legt man Gurkenkerne in nur halbgefüllte Jiffy-Pots. Sind die Sämlingsstiele lang und weich geworden, dreht man sie spiralig zusammen und verdeckt so viel wie möglich davon mit dem nachgefüllten TKS. Das vergrößert den Wurzelballen und beschleunigt damit das weitere Wachstum.

Gurken nicht auf der Erde herumliegen lassen

Gurkenranken sind empfindlich gegen Bewegun-

Der Garten drinnen und draußen

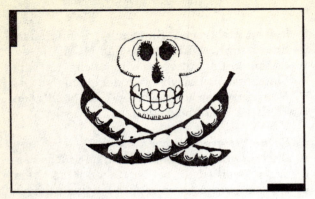

gen, Verdrehungen oder gar Verletzungen beim Ernten. Deshalb ist es zweckmäßiger, sie an schräggespanntem Maschendraht hochwachsen zu lassen, durch den die Früchte herunterhängen. Da sie auch gegen zuviel Mineraldünger empfindlich sind, gibt es immer nur schwache Lösungen im Gießwasser, die gründlich heruntergespült werden.

Kopfsalat nachwachsen lassen
Schneidet man den ersten Kopfsalat so heraus, daß die Außenblätter an der Wurzel stehenbleiben, die in der Küche sowieso weggeworfen werden, treiben aus ihren Blattachseln viele frische

Blättchen, die wie Pflücksalat geerntet werden und wie Kopfsalat schmecken.

Bohnen vor der Aussaat einweichen
Gartenbohnen keimen besser, wenn sie einen Tag vor der Aussaat in lauwarmes Wasser gelegt werden. Damit die Erdoberfläche nicht verhärtet, legt man die Kerne in vorgewässerte Pflanzlöcher und deckt mit humoser, lockerer Erde ab. Bleibt es in den Tagen danach trocken, ist eine erste Wassergabe angebracht, bevor die Keimlinge den Boden durchbrechen.

Grüne Bohnen sind roh giftig
Rohköster leben gefährlich, wenn sie grüne Bohnen ungekocht in Salate schnibbeln; denn die Hülsen und Kerne enthalten eine Stickstoffverbindung, das Phasin, das rote Blutkörperchen verklebt. Das gleiche gilt auch für getrocknete grüne Bohnen. Nur durch Kochen wird der Giftstoff vollständig abgebaut.

Angehäufelt entstehen mehr Wurzeln
Bohnen, Erbsen, Kopfkohl, Möhren, Paprika, Porree und Tomaten bilden mehr Wurzeln, wachsen also stärker, wenn sie angehäufelt werden.

Der Garten drinnen und draußen

Bei Möhren muß das Blattherz freibleiben, bei Porree sollen keine Erdkrümel in die Blattscheiden geraten. Sellerie wird dagegen abgehäufelt, sonst werden die Knollen nicht rund.

Tomaten im Farbeimer
In den großen Farbeimern aus dem Malergeschäft wachsen Gartensorten von Tomaten besser als im Freien, wenn man sie immer an die sonnigste, heißeste Stelle am Haus stellt und bei längerem Schlechtwetter hereinholt.

Tomaten im Torfsack
Torfsäcke eignen sich als Pflanzgefäße für To-

maten auf dem Balkon, wenn man sie flach legt, seitlich ein ausreichend großes Pflanzloch hineinschneidet und in das Substrat pflanzt.

Tomaten reifen nach
Grüne Tomaten reifen abgenommen nach, wenn sie bereits einen roten Schimmer haben, andere sind für manchen anderen Zweck in der Küche verwertbar.

Im Haus reifen Tomaten nach, wenn man die Pflanzen mit Ballen und kopfüber in einem kühlen, hellen Raum auf die Leine hängt. So können Sie, bis tief in den Herbst hinein, fast täglich frische Tomaten ernten.

Junges Gemüse ist zarter
Tomaten, Paprika, Auberginen, Zuckermais und andere Fruchtgemüse schmecken besser, wenn sie nicht voll ausgereift geerntet werden. Gurken, Bohnen und Erbsen werden vor der Vollreife abgenommen, damit die weitere Blütenbildung gefördert wird. Von Salat und Wurzelgemüse werden jeweils die größten und dicksten Brummer zuerst gezogen.

Der Garten drinnen und draußen

Laufend ernten bringt mehr
Fruchtgemüse wie Tomaten, Gurken, Bohnen bringen erheblich höhere Erntemengen, wenn man sie laufend und so behutsam aberntet, daß sich die verbleibenden Fruchtanlagen besser entwickeln. Blumenkohl bleibt weiß und zart, wenn die inneren Hüllblätter nach innen geknickt werden, so daß die Sonne nicht hinein scheinen kann.

❦ Bodendecke für Obstgehölze
❦ Obstbäume fruchten besser, wenn die Wur-
❦ zeln mit Grasmulch abgedeckt sind. Aber das
❦ Mulchmaterial muß eine Handbreit vom

Der Nutzgarten

- Stammgrund entfernt bleiben. Besonders wichtig ist eine Bodendecke und zusätzliche Wassergaben am Obstspalier vor Mauern, die den Wurzelraum halbieren. Die gestaute Hitze verursacht ebenfalls größeren Durst.

Mehr als eine Knolle vom Kohlrabi
Läßt man bei der Kohlrabiernte einen flachen Rest der Knolle auf dem Stengel stehen, bilden sich mehrere kleine, sehr zarte Knöllchen.

Reisig steht vor dem Spalier
Spalierobst und Weinstöcke werden vor Frost zuverlässig geschützt, wenn man Kiefernreisig vorbindet; auch Fichtengrün eignet sich gut.

Erdbeeren das Wasser abdrehen
Bis zur Hochblüte brauchen Erdbeeren viel Wasser, bis 20 l auf 1 m^2 in der Woche. Im Juli und August müssen sie dagegen so trocken gehalten werden wie möglich, notfalls unter Folientunnels. Nur wenn die Pflanzen fast welken, kann in der zweiten Julihälfte einmal gewässert werden.

Erdbeeren morgens ernten
Erdbeeren haben den höchsten Gehalt aromati-

Der Garten drinnen und draußen

scher Öle, nachdem morgens der Tau abgetrocknet ist, bis gegen zehn Uhr vormittags.

Schlehen nach dem Frost ernten
Die schwarzblauen, pflaumenähnlichen bereiften Steinfrüchte des Schwarz- oder Schlehdorns sollten bis nach dem ersten Frost am Strauch bleiben, weil dadurch der herbe, saure Geschmack etwas abgemildert wird. Trotzdem werden sie nicht roh genossen, sondern zu Kompott, Marmelade, Gelee, Sirup, Süßmost, Wein, Schnaps oder Likör verarbeitet.

Der Nutzgarten

Wirkungsvolle Vogelscheuche
Nehmen sie einen Pappbecher und kleben an den Rand einen in viele Streifen geschnittenen Plastik-Müllbeutel. Den Becher nageln Sie an einen Holzstab, der 1,50 bis 2 m hoch ist, und stellen ihn in den Garten. So haben Sie schnell und ohne viel Aufwand eine wirkungsvolle Vogelscheuche.

Zwei Stückchen Glas verscheuchen Vögel
Wirksamer als der berühmte Hering im Kirschbaum verscheuchen Glasstücke die Vögel, wenn sie so zusammengebunden werden, daß sie schon bei der geringsten Luftbewegung klirren und blinken. Am besten taugen Anhänger eines Mobiles.

Steinobst gleich nach der Ernte schneiden
Pflaumen, Renekloden und Mirabellen werden unmittelbar nach der Ernte im vollen Laub bis Ende des Monats September kräftig geschnitten, sonst verkahlen die Bäume innen. Die Krone darf sich nicht verdichten, sonst altert der Baum vor der Zeit. Alte Fruchtäste werden mit einem Jungtrieb verlängert, das Seitenholz kürzer zurückgenommen als an der Basis.

Der Garten drinnen und draußen

Brüche heilen wieder zusammen
Unter ihrer Erntelast gebrochene Äste heilen wieder zusammen, wenn man die Früchte abnimmt, die Bruchstelle fest zusammenpreßt, verbindet und mit Wundverschlußmittel verstreicht. Der abgebrochene Teil wird mit Asthaltern unterstützt. Sie bestehen aus einer Stange mit gebogenem Stahlblech, das durch ein gezähntes Loch in der richtigen Höhe festgehalten wird.

Obst und Gemüse trennen
Wenn es der Platz zuläßt, sollte man grundsätzlich niemals Obst und Gemüse im gleichen Kellerraum lagern. Sie verkürzen gegenseitig

Der Nutzgarten

---

ihre Haltbarkeit und übertragen Gerüche. Wer nur einen Kellerraum für diesen Zweck freimachen kann, lagert das eine oder andere in reinem Floratorf.

Johannisbeeren laufend verjüngen
Aus den Johannisbeeren entfernt man schon im Sommer alle Bodentriebe, die flach herauswachsen. Von den steilen sucht man sich 6 bis 10 aus und entfernt alle anderen dicht am Boden.
Die Äste selbst kürzt man nicht ein, ausgenommen die Sorte »Heros«, die zum Verkahlen neigt.

Waldhumusboden kann gefährlich werden
Selbst wenn der Besitzer die Erlaubnis gibt, in seinem Wald Humusboden abzugraben, heißt es vorsichtig sein; denn in Naturböden siedeln zahllose Drahtkäfer, Insekten und Pilze, die sich im Garten notgedrungen von Kulturpflanzen und Holz ernähren. Deshalb ist es besser, keimfreien Grob- oder Fasertorf zu verwenden.

❦ Regenwürmer verdoppeln den Ertrag
❦ Regenwürmer sind der wertvollste Kompost-
❦ zusatz, weil sie frische organische Substanz
❦ ohne Rotte zu stabilen Krümeln verbauen, die

Der Garten drinnen und draußen

- nützlichen Bakterien auf das Fünffache vermehren und die Nährstoffgehalte noch viel mehr.

Kompost aus Papier
Pappe und Papier liefern besseren Kompost als alle anderen Grundstoffe, da Zellulose die Hauptmasse aller pflanzlichen Zellwände stellt. Das haben jahrzehntelange Versuche erwiesen. Das Produkt ist salzlos und von idealem ph-Wert zwischen 6,7 und 7,0.

Zwei Paar Stiefel
Wenn Sie in den Beeten arbeiten und müssen

Der Nutzgarten

dennoch häufig wieder ins Haus und zurück in den Garten, versuchen Sie doch folgendes: Legen oder stellen Sie sich zwei große Plastiktüten an die Tür. Bevor Sie das Haus betreten, schlüpfen sie in die Tüten, befestigen Sie eventuell mit Gummiringen an den Knöcheln, und das Haus bleibt sauber. Vor der Rückkehr in den Garten werden die Tüten wieder an der Tür deponiert.

Alle meine Kinder

Alle meine Kinder

Nestwarmes Kinderbettchen
Wenn Sie Ihr Baby nachts zum Füttern aus dem Bett herausnehmen, legen Sie in der Zwischenzeit eine Wärmflasche oder ein Heizkissen hinein. Das Bettchen ist wohlig warm und Ihr Baby kann schneller wieder einschlafen.

Aber Achtung! Die Wärmflasche oder das Heizkissen dürfen niemals im Bettchen drin bleiben!

Wasserdichte Wollhandschuhe
Auch die wärmsten Wollhandschuhe nützen im Winter nichts, wenn sie durch das Spielen im Schnee durchnäßt werden. Allerdings werden sie wasserdicht, wenn sie einige Stunden in essigs-

aure Tonerde gelegt werden. Anschließend trocknen lassen, ohne sie auszuspülen. Die Handschuhe sind dann wasserdicht.

Wenn das Gitterbett zu klein geworden ist
Beim Übergang vom Gitterbettchen zum großen Bett legen Sie die erste Zeit die alte Kinderbettmatratze vor das große Bett. Sie schlafen gleich viel ruhiger, denn wenn Ihr Kind jetzt aus dem Bett fällt, bekommt es zwar einen Schrecken, aber es kann sich nicht verletzen.

Handschuhe für das Baby
Binden Sie um die Handgelenke des Säuglings Stoffhandschuhe ohne Daumen und Finger.
Ihr Baby fügt sich keine Kratzwunden mehr zu.

Die ersten Babyschuhe
Tragen Kleinkinder ihre ersten Schuhe mit harten Sohlen, so ist es ähnlich, als wenn ein Erwachsener auf Eis geht. Damit es nicht so hart ist, kleben Sie einfach einen dünnen Streifen Schaumstoff unter die Sohle.

Mit Kindern Schuhe kaufen
Häufig gibt es Schwierigkeiten, wenn man mit

Alle meine Kinder

Kindern Schuhe kauft. Sie können oft nicht sagen, ob die Schuhe passen oder ob sie drücken. Malen Sie vor dem Schuheinkauf eine Pappschablone von den Füßen.

Mit einem Bleistift umreißen Sie die auf einen Karton gestellten Füße und schneiden anschließend die Schablone aus.

Welcher ist der rechte Schuh?
Damit Ihr Kind weiß, welchen Schuh es am rechten Fuß anziehen muß, markieren sie lediglich den rechten Schuh auf der Innenseite mit einem farbigen Klebeband. Für den linken Schuh gibt es dann keine Fragen mehr.

Gummibänder für das Lätzchen
Nähen Sie statt der zwei Leinenbänder einen dünneren Hosengummi an das Lätzchen.

Es macht weniger Mühe dem Kind das Lätzchen umzubinden, und bald schafft es das auch schon ganz alleine.

Kapuzenbänder
Befestigen Sie die Kapuzenbänder mit einigen Stichen auf der Mitte des Durchzugs.

Sie können dann nicht mehr herausgezogen werden.

Klingelknopf markieren
Für kleine Kinder, die noch nicht lesen können, empfiehlt es sich, den Klingelknopf farbig zu kennzeichnen. Dies können Sie entweder mit farbigem Nagellack oder Sie kleben einen Aufkleber hin. Ihr Nachbar wird nicht mehr so häufig rausgeklingelt.

Toller Salzteig für Kinder
Aus 2 Tassen Mehl, 1 Tasse Salz und etwas Wasser können Sie einen herrlichen Bastelteig herstellen. Kneten Sie die Zutaten gut durch, und Ihre Kinder können Figuren ausschneiden oder

Alle meine Kinder

den Teig in Förmchen drücken. Hier sind der Phantasie keine Grenzen gesetzt.

Lassen Sie die Kunstwerke im Ofen trocknen (aber Vorsicht! Kinder sind ungeduldig, nicht daß sie in den Ofen fassen!). Hinterher kann bemalt werden.

Spieglein, Spieglein an der Wand
Hängen Sie Ihrem Kind in Augenhöhe einen Spiegel auf, damit es sich ab und zu betrachten kann. Sie glauben gar nicht, wie eitel die Kleinen zum Teil sind.

Alle meine Kinder

Füttern mit dem Löffel
Während Sie das Baby mit dem Löffel füttern, geben Sie ihm zum Spielen auch einen in die Hand. Es wird nicht lange dauern, bis es Sie nachahmen wird und selber essen will.

Kartoffelbrei ist ein guter Start, um das Essen mit dem Löffel zu üben, weil er nicht so leicht vom Löffel rutscht.

Den Fleck überlisten
Manchmal lassen sich Flecken auf Kinderkleidern nicht mehr beseitigen. Machen Sie aus der Not eine Tugend, und gestalten Sie den Fleck mit Wäschetinte zu einer Blume um.

Beklebte Waschpulvertonnen
Leere Waschpulvertonnen können ganz leicht zu Kinderhockern umfunktioniert werden. Einfach umstülpen und mit Tapetenresten oder »Gemälden« Ihres Kindes bekleben. Gerade bei Kinderfesten können Sie diese Hocker gut verwenden. Auch als Papierkorb ist es eine preiswerte Lösung.

Einladung zum Kindergeburtstag
Steigt bei Ihnen ein Kinderfest? Dann schreiben Sie die Einladungen doch einfach auf farbige,

Alle meine Kinder

aufgeblasene Luftballons mit Filzschreibern. Lassen Sie die Luft wieder raus, und verschicken Sie sie im Kuvert an die kleinen Freunde. Um seine Einladung lesen zu können, muß jedes Kind seinen Luftballon erst einmal aufblasen.

Geschenkideen
Eine tolle Verpackungsidee für ein Geburtstagsgeschenk für ein etwas größeres Kind: Ein Springseil mit einer Schleife um die Geschenkschachtel binden.

Eiswürfel mit Inhalt
Füllen Sie den Eiswürfelbehälter zu einem Drit-

tel mit Wasser. Lassen Sie es anfrieren. Legen Sie dann bunte Gummibärchen oder Obst hinein (z. B. Kirschen, Erdbeeren, ein Stück Kiwi). Dann füllen Sie die Behälter bis zum Rand voll und lassen es wieder gefrieren. Das ist nicht nur für Kinderfeste hübsch, sondern es verschönert auch den Alltag.

Geld, originell verpackt
Wünscht sich ein Kind Geld, weil es auf eine bestimmte Sache spart, so rollen Sie einen 10-Mark-Schein zusammen und stecken ihn in einen Luftballon. Schicken Sie eine »Gebrauchsanleitung« mit, daß man den Luftballon aufblasen und dann reinstechen soll. Dies ist auch ein guter Tip, falls man mal zu spät dran ist, um sich noch etwas einfallen zu lassen. Anstelle des Geldscheines kann man auch ein Briefchen, Konfetti usw. reinstecken.

Hauptgewinn: der Sitzplatz
Streiten die Kinder sich drum, wer wo sitzen darf?

Numerieren Sie die Sitzplätze und jedes Kind darf ein Los ziehen. Die Nummer auf dem Zettel ist der »gewonnene« Platz.

Alle meine Kinder

Ein Laken für den Strand
Für das Baby sollten Sie lieber ein großes Bettlaken mit an den Strand nehmen. Es ist viel kühler als eine Wolldecke.

Außerdem läßt es sich leichter transportieren und ausschütteln.

Leckere Tischkarten
Nehmen Sie weißglasierte Kekse und schreiben mit Schokolade die Namen der Kinder drauf. Jedes Kind findet gleich seinen Platz und anschließend kann das »Tischkärtchen« auch noch verspeist werden.

Alle meine Kinder

Das »Was ist, wenn«-Spiel
Spielen Sie mit den Kindern das Spiel »Was ist, wenn...?«. Nennen Sie schwierige Situationen wie sich Verlaufen, im Kaufhaus Verlorengehen etc., und fragen Sie die Kinder, was sie in solchen Fällen tun würden. Ist die Antwort gut und richtig, loben Sie die Kinder. Wenn sie keinen Ausweg wissen, was zu tun ist, wäre jetzt der richtige Zeitpunkt, darüber zu sprechen — zur Sicherheit Ihrer Kinder und zu Ihrem Seelenfrieden.

Kindliche Kunstwerke im Kinderzimmer
Anstatt die Wand im Kinderzimmer mit Nägeln oder Klebstoff unansehnlich zu machen, spannen Sie ein Netz oder einen grobmaschigen Store über die Wand. Daran können Sie dann die kindlichen Kunstwerke mit Wäscheklammern befestigen und auswechseln.

Lustige Snacks
Pumpernickel gibt es auch als kleine runde Scheiben. Legen Sie diese auf eine mit Schmelzkäse belegte Scheibe aus quadratischem Pumpernickel. Haben Sie in die runden Scheiben vorher Augen, Nase und Mund geschnitten, ergibt es lustige

Alle meine Kinder

Mondgesichter, wenn Sie die Scheiben unter den Grill legen.

Limo für die Kleinen
Für Kleinkinder sollten Fruchtsäfte zur Hälfte mit Mineralwasser verdünnt werden. Zu hoher Zuckergehalt im Fruchtsaft kann zu Durchfällen führen.

Farb-Muster im Schnee
Geben Sie einen Teelöffel Lebensmittelfarbe in eine Flasche Wasser. Im Winter können die Kinder damit Muster in den Schnee malen.

Alle meine Kinder

Für lange Winternachmittage.
Nehmen Sie ein großes Kuvert, in dem Sie Werbeprospekte, Ansichtskarten, buntes Papier usw. sammeln. An Regen- oder Winternachmittagen haben Ihre Kinder etwas zu basteln. Es lassen sich aus solchen »Abfällen« tolle Collagen machen. Auch zum Abpausen und Bemalen ist immer etwas dabei.

Knetgummi im Glas
Bewahren Sie Plastelin in einem Schraubglas auf, da es sonst mit der Zeit hart wird.
 Wenn es schon hart geworden ist, wird es durch etwas Öl oder Fett wieder weich.

Saft am Stiel
Frieren Sie Apfel-, Orangen- oder Ananassaft im Eiswürfelbehälter ein. Kurz vor dem Festwerden stecken Sie Eisstiele hinein. So haben Sie jederzeit eine Erfrischung für Ihre Kinder.

Das ist lustig
Legen Sie ein paar Gummibärchen in die Schälchen, bevor Sie den Wackelpudding einfüllen. Das schmeckt toll und sieht auch lustig aus.

Alle meine Kinder

Spielzeugkisten
Nehmen Sie einen Plastik-Waschkorb, der recht großmaschig ist, als Spielzeugkiste für Ihre Kinder. Da ist viel Platz drin, und Ihr Kind hat eine gute Übersicht über seine Spielsachen.

Kunstgalerie im Kinderzimmer
Bringen Sie an der Wand im Kinderzimmer eine Metalleiste an, an der Sie die Kunstwerke Ihrer Kinder mit Magnetköpfen anbringen können. Die Bilder können mühelos erneuert werden, und Sie schonen die Wand.

Alle meine Kinder

Kinder wollen Türen verzieren
Ist Ihr Kind ganz wild versessen darauf, überall Aufkleber hinzukleben? Lassen Sie ihm doch den Spaß! Bringen Sie aber vorher auf Türblatt oder Wand ein großes Stück Klarsichtfolie an. Von dort lassen sich die Aufkleber, wenn das Kind sich daran satt gesehen hat, mühelos entfernen, ohne scheußliche Klebereste zu hinterlassen.

Ein Zelt für Kinder
Hängen Sie ein altes Laken oder eine alte Wolldecke über die Wäscheleine. An der Leine machen Sie es mit Wäscheklammern fest und unten schlagen Sie Pflöcke ein, um das Laken zu einem Zelt zu spannen.

Ihre Kleinen werden begeistert sein.

Seifenreste – gut bestrumpft
Seifenreste oder kleine Seifenstückchen geben Sie in einen weißen Socken und binden das obere Ende zu. Für Kinder ist es einfacher, sich einzuseifen. Die Seife kann nicht mehr wegflutschen.

Rutschige Gläser
Für kleinere Kinder ist es oft nicht leicht, mit den kleinen Händchen einen gefüllten Becher oder

Alle meine Kinder

ein Glas richtig festzuhalten. Wenn Sie das Glas ein paarmal mit Gummiringen umspannen, kann es nicht mehr durch die Hände rutschen.

Türsicherung für Ihr Jüngstes
Binden Sie eine Glocke an die Tür. So können Sie immer hören, wenn die Tür geöffnet wird und Ihr Jüngstes in einem unbeobachteten Moment aus der Tür schlüpfen will. Das Klingeln der Glocke ist ein gutes Warnsignal.

Aufgewärmter Spinat
Wärmen Sie Spinat niemals mehr auf. Im aufgewärmten Spinat entwickelt sich Nitrin, welches

zu Vergiftungen führt und sofort ärztlich behandelt werden muß!

Sauger und Schnuller reinigen
Feuchten Sie die Schnuller und Flaschensauger mit etwas Wasser an und reiben sie mit Kochsalz sauber. Gut nachspülen, damit keine Salzreste bleiben. Von Zeit zu Zeit sollten sie ausgekocht werden.

Keimfreie Babyflaschen
Es ist recht einfach, Babyflaschen keimfrei zu machen.

Kochen Sie sie mit einer Natronlösung. Hierfür geben Sie 2 bis 3 Teelöffel Natron in heißes Spülwasser. Der unangenehm säuerliche Geruch verschwindet. Auf die gleiche Weise können Sie auch das Milchgeschirr reinigen.

Cola bei Durchfall
Auch bei noch recht kleinen Kindern ist Cola ein gutes Mittel gegen Durchfall. Es sollte etwas angewärmt sein. Die Kohlensäure können Sie mit einem Löffel rausschlagen. Dazu können Sie Ihrem Kind Salzstangen geben. Es hilft garantiert.

Alle meine Kinder

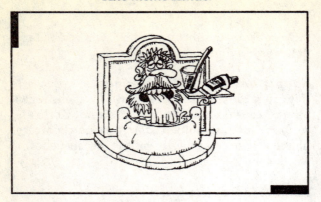

Magenverstimmung vorgebeugt
Wenn Sie Kleinkinder haben, geben Sie ihnen öfters mal eine leichte Milchspeise mit etwas Obst zu essen. Dadurch wird einer Magenverstimmung vorgebeugt, und man erreicht damit eine gute Verdauung.

Kaugummi im Haar
Besonders den Kindern passiert es immer wieder. Beim Blasenmachen landet der Kaugummi im Haar. Reiben Sie einfache Hautcreme ins Haar und streichen mit einem trockenen Handtuch durch die Haarsträhnen.

Pflaster abziehen ohne Tränchen
Tränken Sie ein sauberes Tuch mit Babyöl und reiben damit über das Pflaster. Ohne »Aua« und Gebrüll können Sie das Pflaster abziehen.

Mit Eis gegen Splitter
Legen Sie einen Eiswürfel einige Minuten auf die »Wunde«, dadurch wird die Stelle betäubt, und der Splitter kann ohne Schmerzen gezogen werden. Anschließend den Schmerz »wegpusten« und ein Küßchen auf die Stelle. Sie werden sehen, die Tränen können bald getrocknet werden.

Zähneputzen
Wenn Sie nicht die Zeit haben, das Zähnebürsten der Kinder zu kontrollieren, besorgen Sie sich eine 3 Minuten-Eieruhr. Sagen Sie den Kindern, sie müßten so lange bürsten, bis der Sand durchgelaufen sei. Kindern macht das Beobachten der Sanduhr Spaß, und sie werden mit dem Zähneputzen nicht schludern.

Laß das Badewasser ein
Wenn größere Kinder schon ihr Badewasser selber einlaufen lassen dürfen, vermeiden Sie

Alle meine Kinder

Unannehmlichkeiten, wenn Sie ein Abziehbild, einen bunten Punkt oder Streifen als Markierung für die erlaubte Füllhöhe in die Wanne kleben. Die Kinder wissen dann, wann sie das Wasser abstellen müssen.

Vollmacht falls etwas passiert
Wenn Sie verreisen und Kinder von Freunden oder Bekannten mitnehmen, sollten Sie sich vor Beginn der Reise eine notariell beglaubigte Vollmacht von deren Eltern mitgeben lassen. Für eine eventuelle notärztliche Behandlung im Falle einer schweren Krankheit oder eines Unfalles ist dies notwendig.

Vorsicht Ziersträucher
Achten Sie darauf, daß keine giftigen Ziersträucher zur Fruchtreife kommen, wo Kleinkinder im Garten spielen. Hier einige der stark giftigen Sträucher: Oleander, Seidelbast, Juniperus und Thuja. Ebenfalls stark giftig sind Goldregen, Pfaffenhütchen, Bocksdorn, Rhododendron und Eibe.

Kind gefunden
Hängen Sie jedem Kind ein Schildchen um den Hals, auf dem Name, Adresse und Telefonnummer (evtl. Treffpunkt) steht, bevor Sie einen Ausflug in den Zoo oder auf den Jahrmarkt machen. Manche Kinder vergessen leicht vor Schreck ihre Adresse, wenn sie verloren gehen. Sind mehrere Kinder dabei, die sich vorher noch nicht kannten, binden Sie allen eine gleichfarbige Schleife um. Man sieht immer, wer dazu gehört.

Taschenlampe für die Laterne
Da die Laternen von kleineren Kindern häufiger in Brand geraten, ist es sicherer, eine kleine Taschenlampe am Boden der Laterne zu befestigen, anstatt einer Kerze.

Alle meine Kinder

Wenn das Kind zornig ist
Flüstern Sie Ihrem Kind ein paar ganz liebe, freundliche Worte ins Ohr. Das wirkt Wunder. Es hört auf zu brüllen, damit es Sie verstehen kann. Soll sogar schon bei Ehegatten geholfen haben.

❦ *Aufklärung für Schnüffler*
❦ Klären Sie Ihre Kinder über das Risiko auf, das
❦ mit dem Einatmen von Klebstoffen, Farben,
❦ Lacken, Nagellackentferner, Nitroverdünner
❦ und anderen Lösemitteln verbunden ist.

Schlechte Träume
Wenn ein Kleinkind in der Nacht weint, weil es

schlecht geträumt hat, trösten Sie es, und waschen Sie ihm das Gesicht mit einem feuchten, lauwarmen Lappen, damit es weiß, wo es ist. Es wird dann gleich wieder ruhig und fest weiterschlafen.

Gesundheit und Schönheit

Gesundheit und Schönheit

Mit Zitrone gegen Kopfschmerzen
Bei Kopfschmerzen hilft Ruhe und Verdunkelung des Zimmers. Zusätzlich Kompressen mit Zitronenwasser auf die Schläfen legen.

Durch Wechselfußbäder und Trockenbürsten entspannt sich das Gefäßsystem, und die veränderten Blutgefäße im Gehirn nehmen wieder ihre natürliche Größe an; der Kopfschmerz hört wieder auf.

Kaffee mit Zitrone gegen Migräne
Manchmal hilft bei Migräneanfällen Kaffee mit Zitrone.

Pressen Sie eine halbe oder ganze Zitrone aus

und vermischen den Saft mit starkem Kaffee und trinken ihn schluckweise. Es schmeckt zwar nicht besonders gut, aber es soll schon manch einem geholfen haben.

Zitronensaft gegen verschluckte Gräten
Saugen Sie langsam an einer Zitrone. Durch die Säure wird die Gräte weich und läßt sich dann durch Essen von trockenem Brot hinunterschlucken. Im Magen wird die Gräte von den Magensäften zersetzt und ganz normal ausgeschieden.

Gurgelwasser selbst hergestellt
Wenn der Hals gerötet ist, machen Sie sich Ihr Gurgelwasser selbst. Reiner Zitronensaft mit heißem Wasser zu gleichen Teilen vermischt und das Gurgelwasser ist fertig.

Kondensmilch gegen Husten
Bei starkem Husten hilft wunderbar 1 Teelöffel voll mit gezuckerter Kondensmilch.

Salz gegen Mundgeruch und Halsentzündung
Als guter Schutz für Ihre Atemwege hat Salzwas-

Gesundheit und Schönheit

ser sich als vorbeugendes Desinfektionsmittel bewährt.

Wenn Sie es als Mund- und Gurgelwasser benutzen, schützen Sie sich vor Entzündungen im Hals- und Rachenbereich.

Und außerdem erfrischt es nachhaltig.

Wenn der Darm träge ist
Trinken Sie auf nüchternen Magen eine Tasse lauwarmes Wasser mit einem Eßlöffel Honig.

Oder zehn Gramm Milchzucker werden in einer Tasse lauwarmer, vorher abgekochter Milch aufgelöst und dies auf nüchternen Magen getrunken. Damit haben Sie ein schmackhaftes und auch natürlich wirkendes Abführmittel.

Quark für die Leber
Die Leber muß heute mit Konservierungsmitteln, Nikotin, Alkohol, übermäßiger Ernährung und Umweltgiften fertigwerden. Kein Wunder, daß dieses Entgiftungsorgan häufig gestört ist, oder daß sich sogar Leberschäden entwickeln können.

Lassen Sie sich deshalb mehrmals in der Woche eine Portion Quark schmecken. Sie unterstützen damit Ihre Leber bei der Entgiftungsarbeit.

Sauerkraut gegen Sodbrennen
Gegen Sodbrennen hilft rohes Sauerkraut, Salzwasser, Natron oder mehrmals einige Schlucke Milch.

Wenn Sie öfter an Sodbrennen leiden, sollten Sie fette, scharf gewürzte oder sehr kalte und heiße Speisen meiden.

Aufgeblähter Bauch
Bei Blähungen versuchen Sie doch mal ein Getränk aus Kümmel-Milch. Etwas Kümmel wird hierzu in Milch aufgekocht und so warm wie es geht getrunken.

Gesundheit und Schönheit

Äpfel gegen Durchfall
Wenn Sie unter Durchfall leiden, hilft es oft, wenn man geriebene Äpfel ißt.

Badesalz für die Durchblutung
Geben Sie mindestens 1 kg und höchstens 2 kg Salz in die Badewanne. So ein Bad bewirkt, je nach Salzgehalt, eine intensive Durchblutungsförderung.
ACHTUNG:
Nicht bei hohem Blutdruck anwenden! Herzkranke Personen sollten vorher lieber den Arzt fragen!

Gesundheit und Schönheit

Tee oder Kaffee für die Verdauung
Schwarzer Tee hat eine stopfende Wirkung auf die Verdauung. Wenn Sie in diesem Punkt Schwierigkeiten haben sollten, trinken Sie lieber Kaffee oder einen anderen Tee.

Kaffee wirkt auch entkrampfend auf die verengten Blutgefäße im Gehirn. Machen Sie sich eine starke Tasse und trinken Sie ihn schluckweise. Das hilft manchmal bei Kopfschmerzen.

Kartoffeln zur Entwässerung und zur Senkung des Bluthochdrucks
Salzfrei gedämpfte Kartoffeln sind ein wirkungsvolles Mittel. Das Kalium regt die Ausschwemmung von Schlackenstoffen an und entlastet den Kreislauf. Kartoffeln auf diese Weise zubereitet, sind ideale Schlankmacher!

Knoblauch ersetzt fast die Hausapotheke
Knoblauch ist ein unübertreffliches Allheilmittel. Er ist geeignet bei Dünn- und Dickdarmkatarrh, senkt Blutdruck und wirkt der Aterienverkalkung vor.

Außerdem normalisiert er die Herztätigkeit und wirkt bei Schlaflosigkeit.

Mit dem Geruch müssen sich Ihre Mitmen-

Gesundheit und Schönheit

schen abfinden, denn es gibt kein wirksames Mittel dagegen.

Heißes und kaltes Wasser gegen Bläschen
Bläschen an den Lippen sind besonders störend und heilen nur langsam ab. Oft verschwinden sie bereits nach kurzer Zeit, wenn man sie abwechselnd mit einem — in eiskaltes bzw. sehr heißes Wasser getauchten — Wattebausch betupft.

Kürbiskerne gegen Blasenleiden
Der Ölkürbis enthält in seinem Innern unerwartete Bodenschätze: schalenlose Kerne, die roh und getrocknet hervorragend schmecken. Aus

ihnen kann Öl gepreßt und Tee gebrüht werden. Wer davon täglich 2- oder 3mal 1 Eßlöffel Kernmasse zu sich nimmt, verspürt bald die heilende Wirkung bei Blasenleiden und Prostatabeschwerden.

So schlafen Sie gut
Körperliche Betätigung ist wichtig. Wenn Sie eine sitzende Tätigkeit ausüben, so treiben Sie doch etwas Sport.

Wenn Sie gerne ein Gläschen trinken, sollten Sie wissen, daß Rotwein und Starkbier das Einschlafen unterstützen.

Duschen Sie lauwarm und streifen Sie das Wasser nur vom Körper ab. Danach sofort in den Schlafanzug und ab ins Bett.

Essen Sie eine Kleinigkeit. Der einsetzende Verdauungsprozeß wirkt bei vielen beruhigend und einschläfernd.

Obstessig stärkt die Abwehrkräfte
Vermischen Sie einen guten Schluck Obstessig mit Honig und verdünnen das Ganze mit Wasser. Vor dem Frühstück eingenommen, stärkt es die Körperabwehrkräfte und schützt vor Erkältungen.

Gesundheit und Schönheit

Essigsaure Tonerde gegen Bluterguß
Bei Bluterguß legt man am besten einen kalten Umschlag mit essigsaurer Tonerde auf die betreffende Stelle. Durch die Umschläge werden Ihre blauen Flecken schneller verblassen.

Kaltes Wasser gegen Verbrennungen
Überlassen Sie die medikamentöse Versorgung dem Arzt. Bis dahin ist kaltes Wasser am wirkungsvollsten. Es lindert den Schmerz und verhindert, daß die Hitze noch weiter in die Tiefe des Gewebes eintritt.

Halten Sie die verbrannte Stelle einfach in kaltes, reines Wasser.

Gesundheit und Schönheit

Abkühlung für die Haut
Wenn Ihre Haut zu viel Sonne abbekommen hat, reiben Sie die betroffenen Stellen ganz vorsichtig mit Apfelessig ein, oder leicht mit einem nassen Teebeutel betupfen.

Bei Sonnenbrand wirken auch Buttermilchkompressen sehr lindernd.

Wenn Sie keine Buttermilch haben, können Sie auch kalte Milch dazu verwenden.

Zur raschen Erfrischung und Belebung
Tauchen Sie Ihr Gesicht in ein Becken mit kaltem Wasser dreimal jeweils 6 Sekunden ein, lassen Sie es an der Luft trocknen.

Oder: Tauchen Sie Ihre Arme bis zum Ellenbogen ebenfalls in ein Becken mit kaltem Wasser etwa 15 Sekunden lang, und lassen Sie die Arme an der Luft trocknen.

Müde Beine
Baden Sie die Beine in Salzwasser und reiben Sie sie nachher mit einer Zitronenscheibe ein.

Schnelle Hilfe bei Insektenstichen
Zuerst den Stachel entfernen. Mit Eiweiß bestreichen. Oder legen Sie eine frisch geschnittene

Gesundheit und Schönheit

Zwiebel- oder Zitronenscheibe auf den Stich. Das hilft, das Gift herauszuziehen. Mit einem Pflaster befestigen, eventuell erneuern.

Wasser gegen feuchte Hände
Waschen Sie die Hände mit einer Mischung aus drei Teilen Wasser und einem Teil Essig.

Ein abwechselndes Duschbad für die Hände ist auch wirkungsvoll. Zuerst eine Minute heiß, danach 10 Sekunden kalt.

Heile Hände
Risse und Schrunden an den Händen sind schnell wieder geheilt, wenn Sie sie in Zinnkrauttee

Gesundheit und Schönheit

baden: 1 Teelöffel Zinnkraut mit etwa ¼ l kochendem Wasser übergießen und 10 Minuten ziehen lassen.

Natürlicher PH-Wert für die Haut
Wenn Sie Ihr Gesicht sorgfältig gewaschen haben, gießen Sie etwas Apfelessig in ein Becken mit warmem Wasser. Damit bespritzen Sie Ihr Gesicht ausgiebig und lassen es an der Luft trocknen. Das Essigwasser soll aber nicht in die Augen kommen. Machen Sie das einmal täglich, und der natürliche PH-Wert, d.h. der Säuremantel Ihrer Haut wird wieder normal werden. Versuchen Sie es auch mal, wenn Sie unter Akne leiden.

Blasen an den Füßen
Verhindern Sie Blasen an den Füßen, indem Sie die Füße vor der großen Wanderung oder vor dem Skifahren dünn mit Hirschtalg einreiben. Vergessen Sie auch den Stiefelrand nicht. Hirschtalg gibt es in der Apotheke oder in der Drogerie.

Für die trockene Haut Olivenöl
Haben Sie trockene und faltige Haut, dann ma-

Gesundheit und Schönheit

chen Sie sich doch einmal eine Packung mit Olivenöl. Legen Sie sich abends ein mit angewärmtem Olivenöl getränktes Mulltuch auf Gesicht und Hals. 20-30 Minuten einwirken lassen.

Vorsichtig mit einem weichen, trockenen Tuch abtupfen. Machen Sie diese Hautkur einmal in der Woche und Sie werden sehen, die Haut wird wieder schön straff.

Gesichtskur für die unreine Haut

Aus Hafermehl und Wasser rühren Sie sich eine Paste an, die Sie dann auf das Gesicht auftragen. Trocknen lassen, bis es sich ganz straff anfühlt. Reiben Sie die Paste mit den Fingerspitzen ab. Abge-

Gesundheit und Schönheit

storbene Hautteilchen werden dadurch abgelöst, und die Mitesser lassen sich leicht entfernen.

Feuchtigkeit für die Haut
Dieses Rezept benutzt man sogar in teuren Kosmetiksalons. Waschen Sie Ihr Gesicht sehr gründlich und massieren, während das Gesicht noch naß ist, ein wenig Vaseline ein. Das Gesicht immer wieder etwas naß machen, bis die Vaseline gleichmäßig verteilt ist und das Gesicht nicht mehr fettig glänzt. Ihr Gesicht wird sich ganz glatt und weich anfühlen.

Weg mit den Gesichtswarzen
Wer in seinem Gesicht Warzen entdeckt, muß sofort den Kampf dagegen beginnen: Legen Sie ein paar Tage und Nächte Ringelblumen oder eine Ringelblumensalbe aus der Apotheke auf die betroffene Stelle. In ein paar Tagen sind die lästigen Warzen weg.

Zitronensaft gegen Pickel
Die betroffenen Stellen betupfen Sie mehrmals täglich mit frischgepreßtem Zitronensaft. Das ist ein sehr schnell wirkendes Mittel gegen unreine Haut.

Gesundheit und Schönheit

Quark macht schön
Tragen Sie Quark einfach auf das Gesicht auf. Lassen Sie ihn 10-15 Minuten einwirken. Anschließend abwaschen. Ihre Haut wird schön und frisch.

Parfüm umfüllen, kein Problem
Wenn Sie Parfüm in ein kleines Fläschchen umfüllen wollen und keinen Trichter zur Hand haben, nehmen Sie eine Eierschalenhälfte. Stechen Sie ein Loch hinein und das Einfüllen ist ganz leicht.

Gesundheit und Schönheit

Eingefettete Haut für schöne Düfte
Reiben Sie eine dünne Vaselineschicht in die Haut ein, bevor Sie Ihr Parfüm auftragen. Der Duft hält auf eingefetteter Haut wesentlich besser als auf trockener.

Kosmetika kühl lagern
Ihre Kosmetika, sollten Sie im Kühlschrank aufbewahren. Dies gilt besonders auch für Naturkosmetik, die keine Konservierungsstoffe enthält.

Inventur im Kosmetikschrank
Entrümpeln Sie von Zeit und Zeit Ihren Kosmetikschrank. Ihre Haut wird es Ihnen danken, denn Kosmetika sind nicht unbegrenzt haltbar. Schreiben Sie am besten immer gleich das Kaufdatum auf die Verpackung. Riecht eine Creme nicht mehr gut, geben Sie sie in den Sondermüll.

Bei Hitze Puder
Bei großer Hitze ist es ratsam, statt Make-up Puder zu benutzen. Der Puder saugt die Schweißperlen auf und das Gesicht glänzt nicht so.

Kalte Make-up-Stifte
Wenn Sie Ihre Kajal- oder Lippenstifte anspitzen

Gesundheit und Schönheit

wollen, sind sie häufig zu weich. Legen Sie sie ein paar Stunden in den Kühlschrank, dann geht's viel besser.

Licht am Spiegel
Es sollte grundsätzlich auf den Betrachter und nicht auf den Spiegel fallen. Die Beleuchtung sollte links und rechts vom Spiegel in Augenhöhe angebracht sein. Eine Lichtquelle über dem Spiegel würde das Gesicht von oben beleuchten und häßliche Schatten unter Auge, Nase und Kinn werfen.

Gesundheit und Schönheit

Schöne Augen
Vor dem Schlafengehen tupfen Sie etwas Rizinusöl rund um die Augen. Aber nehmen Sie geruchloses Öl, das wird von Chirurgen nach Schönheitsoperationen verwendet.

Preiswerter Make-up-Entferner
Sehr wirksam ist Pflanzenfett. Reiben Sie Ihr Gesicht damit ein und wischen es dann mit einem Papiertuch wieder ab.

Saubere Kleidung
Damit Sie Ihre Kleidung beim Anziehen nicht mit Make-up beschmutzen, und auch das Make-up nicht verschmiert, ziehen Sie sich ein Haarnetz über das Gesicht und ziehen sich erst dann an.

Wimperntusche
Die meisten, die Wimperntusche benutzen, »pumpen« erst einmal, bevor sie den Stab herausziehen. Dadurch wird aber Luft hineingepreßt und die Tusche trocknet schneller aus. Also, ziehen Sie den Stab lieber auf einmal heraus.

Erfrischung für die Augen
Erwärmen Sie etwas Milch und tränken Sie zwei

Gesundheit und Schönheit

Wattebäuschlein damit. Bei geschlossenen Augen legen Sie diese auf die Augenlider. Ab und zu wiederholen, damit die warme Milch einwirken kann. Nach 10 Minuten werden Sie schon die erfrischende Wirkung spüren.

Keine Zahnpasta mehr?
Nehmen Sie Meer- oder Kochsalz. So haben sich schon unsere Vorfahren die Zähne geputzt. Anschließend gut nachspülen.

Saubere Zähne durch Erdbeeren
Zerdrücken Sie eine Erdbeere und tauchen die Zahnbürste hinein. Putzen Sie damit kräftig Ihre

Gesundheit und Schönheit

Zähne und der Belag, sowie die Flecken verschwinden.

Gurkenscheiben auf die Augen
Sind Ihre Augen gerötet oder angeschwollen, dann legen Sie Gurkenscheiben auf die Augen. Nehmen Sie möglichst frische, kalte Scheiben.

Gezupfte Augenbrauen
Legen Sie erst warme Kompressen auf die Augenbrauen, damit sich die Poren erweitern. Anschließend mit Vaseline einreiben. Störende Augenbrauenhärchen zupfen und danach mit alkoholhaltigem Gesichtswasser abtupfen.

Abgebrochener Lippenstift
Die Bruchstellen über einem Feuerzeug oder Streichholz erhitzen, bis sie etwas angeschmolzen sind. Vorsichtig zusammenpressen und im Kühlschrank abkühlen.

Mineralwasser für das Gesicht
Damit Ihr Make-up sich länger hält, sprühen Sie nach dem Auftragen etwas Mineralwasser ins Gesicht. Sie können auch ein Papiertuch mit Mineralwasser tränken und das Gesicht leicht

Gesundheit und Schönheit

abtupfen. Besonders in beheizten Räumen sollten Sie Ihr Gesicht immer wieder etwas erfrischen.

Blondes Haar aufhellen
Wenn Sie Ihr Haar waschen, spülen Sie es anschließend mit Kamille. Es hellt die Haare etwas auf und tut der Kopfhaut gut.

Glanz für jede Haarfarbe
Blondes Haar spülen Sie mit Wasser nach, dem einige Teelöffel Zitronensaft zugesetzt wurden. Rothaarige und Brünette setzen dem Wasser mehrere Teelöffel Apfelessig zu.

Gesundheit und Schönheit

Durch diese Zusätze wird der Seifenfilm entfernt, und das Haar bekommt einen wunderschönen Glanz.

Dauerwellen nur für gesundes Haar
Ihre Haare brauchen immer wieder Schonzeit zwischen der alten und der neuen Dauerwelle. Krankes Haar sollten Sie ganz verschonen. Auch zwischen Dauerwelle und Haarefärben (wozu auch Strähnchen gehören), sollten Sie zeitlichen Abstand einhalten.

Saubere Kämme
Legen Sie Kamm oder Bürste einfach mit ins Becken, wenn Sie Ihre Haare waschen. Das Haarshampoo löst auch aus dem Kamm das Fett heraus. Anschließend abspülen.

Hornkämme
Wenn Sie einen echten Hornkamm haben, legen Sie ihn vor Gebrauch zwölf Stunden in Milch. Er wird sich dann nicht verbiegen. Sollte der Kamm bereits verbogen sein, legen Sie ihn über Nacht in Milch, dann wird er wieder gerade.

Gesundheit und Schönheit

Spülung gegen fettiges Haar
Bringen Sie einen Liter Wasser mit vier Teelöffeln Pfefferminzblättern zum Kochen. Nach dem Abkühlen spülen Sie damit Ihre Haare. Ihr Haar wird diese Pflegespülung zu schätzen wissen.

Geheimmittel für die Kopfhaut
Vermischen Sie Hamameliswasser mit einem Eigelb und etwas Zitronensaft. Reiben Sie damit die vom Haarausfall, Kopfschorf oder von der Schuppenflechte befallene Kopfhaut ein.

Lassen Sie es möglichst über Nacht, aber mindestens einige Stunden einwirken. Eventuell die Prozedur wiederholen.

Gesundheit und Schönheit

Preiswerte Haarpflege
Stellen Sie sich Ihre Haarspülung selber her, damit Ihre Haare einen schönen, seidigen Glanz bekommen. Verdünnen Sie ein Glas Wein- oder Obstessig mit zwei Litern lauwarmem Wasser und spülen darin die Haare. Ist der Essig nicht stark genug verdünnt, bleibt der Essiggeruch im Haar. Statt des Essigs können Sie auch Zitrone nehmen.

Lorbeerblätter für das Haar
Wenn Sie eine Handvoll Lorbeerblätter in einem Liter Wasser etwa 20 Minuten kochen, erhalten Sie eine Haarspülung, durch die Ihr Haar einen rötlichen Schimmer bekommt. Mit dieser Mischung spülen Sie die Haare einige Male.

Selbstgemachter Haarfestiger
Mischen Sie sich Ihren Haarfestiger selber. Geben Sie einen Teelöffel Gelatinegranulat in zwei Tassen kochendes Wasser. Abkühlen lassen und in einen Pumpzerstäuber füllen.

Bier als Haarfestiger
Sprühen Sie Bier unverdünnt mit einem Zerstäuber auf das Haar. So erhält Ihre Frisur einen

Gesundheit und Schönheit

tollen Halt. Der Biergeruch verschwindet, sobald das Haar trocken ist.

Massagen gegen Haarschuppen
Wenn Sie unter Haarschuppen leiden, dann sollten Sie Ihre Kopfhaut nach jeder Haarwäsche mit Obstessig massieren.

Schon nach einigen Wochen zeigt sich Besserung.

Trockenshampoo
Falls Sie mal Ihre Haare nicht waschen können, oder wenn Sie auf Reisen sind, stellen Sie sich Ihr Trockenshampoo selbst her.

Gesundheit und Schönheit

Mischen Sie eine halbe Tasse Maismehl mit einem Teelöffel Salz und vermengen es gut. Nehmen Sie einen Salzstreuer, der sehr große Löcher hat und streuen die Mischung leicht über das fettige Haar. Anschließend den Puder gut herausbürsten. Auch Babypuder oder Stärkemehl können Sie dafür hernehmen.

Abnehmen ohne Salz
Verzichten Sie nach Möglichkeit auf Salz an den Speisen, wenn Sie abnehmen wollen. Salz bindet nämlich das Wasser im Körper.

Glanzlose Fingernägel
Bei glanzlosen oder zu weichen Fingernägeln hilft Zitronensaft. Tauchen Sie die Fingerspitzen so oft wie möglich in Zitronensaft, oder greifen Sie fest in die Hälfte einer ausgepreßten Zitrone. Die Finger unter fließendem Wasser kurz abspülen und eincremen.

Saubere Hände nach dem Putzen
Pressen Sie eine Zitronenhälfte aus und reiben mit dem Saft die Hände ein. Einziehen lassen und möglichst nicht nachspülen. Die Hände werden wieder schön sauber.

Gesundheit und Schönheit

Zahnpasta für die Hände
Sind Ihre Fingernägel mit Kugelschreiberflecken oder Klebstoffresten verunziert, dann reiben Sie sie mit Zahnpasta ein. Die Flecken verschwinden umgehend.

Essig macht die Hände zart
Fühlen sich Ihre Hände ausgelaugt und rauh an, waschen Sie sie mit Wasser, dem ein kräftiger Schuß Essig zugegeben wurde. Das natürliche Hautfett bildet sich zurück und die Haut ist wieder zart.

Gesundheit und Schönheit

Keine verklebte Nagellackflasche
Reiben Sie etwas Vaseline in den Deckel und auf das Gewinde einer neuen Nagellackflasche. Die Flasche verklebt nicht mehr, und selbst nach Monaten läßt sich die Flasche mühelos öffnen.

Wenn die Nägel einwachsen
Träufeln Sie auf ein Läppchen etwas Öl und wickeln dieses um den eingewachsenen Nagel. Vorsicht, daß die Bettwäsche nichts abbekommt. Am nächsten Tag lassen sich die Nägel ganz leicht schneiden.

Aufgeweichte Nägel
Feilen Sie Ihre Nägel niemals direkt nach dem Duschen, Baden oder Geschirrspülen. Sie sind dann so aufgeweicht, daß die Nägel sich spalten. Warten Sie, bis sie wieder fest geworden sind.

Streichfähiger Nagellack
Wenn Sie Ihren Nagellack im Kühlschrank aufbewahren, läßt er sich immer schön glatt und leicht auftragen. Selbst gefrorener Nagellack zersetzt sich nicht.

Gesundheit und Schönheit

Nagellack schnell trocken
Legen Sie in eine Schüssel mit kaltem Wasser ein paar Eiswürfel. Halten Sie Ihre Hände hinein, und der Lack wird schnell getrocknet sein.

Keine Nagelfeile zur Hand
Die Reibefläche einer Streichholzschachtel kann als Notbehelf hergenommen werden, wenn keine Nagelfeile zur Hand ist.

Feste Fingernägel
Reiben Sie Ihre Fingernägel jeden Abend mit Glyzerin ein. Brüchige Nägel werden wieder fest.

Gesundheit und Schönheit

Düfte ätherischer Öle bringen
Wohlbefinden

Geben Sie das ätherische Öl (Essenz) in eine Schale mit Wasser, die Sie z. B. auf die Heizung Ihres Wohn-, Schlaf- oder Arbeitszimmers stellen. Nehmen Sie für einen Raum von etwa 20 m² 6 Tropfen eines einzelnen Öls oder einer empfohlenen Mischung.

Basilikum

Zur Stärkung der Nerven.

John Gerarde, ein englischer Arzt aus dem 17. Jh., schrieb über die Wirkung des Basilikums: »Der Geruch des Basilikums ist gut für das Herz ... er nimmt die Traurigkeit, die von der Melancholie herrührt, und macht den Menschen glücklich.«

Bergamotte

Stimmungserhellend, aufmunternd.

Zur Mischung eignen sich besonders gut Jasmin-, Neroli- und Zypressenöl.

Eukalyptus

Kräftigend, anregend, bekanntes und viel verwendetes Infektionsvorbeugungsmittel, vor

Gesundheit und Schönheit

- allem bei Schlechtwetterperioden.

- *Geranie*
- Leicht tonisierend, harmonisierend, vertreibt Mücken.
- Geranienöl hat, wie das Bergamottöl, einen gleichzeitig beruhigenden und aufmunternden Effekt auf das Nervensystem.
- Es eignet sich gut für Arbeitsräume.
- Geranienöl bewirkt eine besonders angenehme Verschmelzung der anderen Düfte. Es läßt sich in fast jeder Mischung verwenden, besonders gut mit Basilikum, Rose und Zitrusölen.

Gesundheit und Schönheit

- *Jasmin*
- Sehr stimmungshebend, nervenberuhigend, »reinigt Atmosphären« (Hohe Dosen können den gegenteiligen Effekt haben).
- Wird auch als König der Düfte bezeichnet.
- Verbindet sich gut mit Zitrusölen und Rose.

- *Kamille*
- Leicht beruhigend und tonisierend, besänftigt Kopf und Gehirn.
- Paßt gut zu Geranie, Lavendel und Rose.

- *Kampfer*
- Ausgleichend, sehr typ- und stimmungsbezogene, anregende oder beruhigende Wirkung; z. B. bei Nervosität und Abgeschlagenheit.
- Desinfizierend.
- Der Geruch ist scharf, ähnlich dem von Eukalyptus.

- *Lavendel*
- Beruhigend, nervenstärkend im Sinn einer Regulation des Nervensystems, bei nervösen Erregungszuständen; stark antiseptisch wirksam. (Hohe Dosen können den gegenteiligen Effekt haben).

Gesundheit und Schönheit

- Hildegard von Bingen schreibt zum Lavendel: »... und er bereitet reines Wissen und einen reinen Verstand.«
- Lavendel und Neroli sind eine exquisite Duftmischung.

- *Majoran*
- Nervenwirksam, spannungslösend, sedativ-tonisierend.
- Majoran verbindet sich gut mit Bergamotte und Lavendel.
- Die Mischung wirkt angenehm entspannend.

Gesundheit und Schönheit

- *Melisse*
- Sedativ, aber geistig stimulierend, stimmungshebend, stärkt die Lebensgeister, kräftigt Gehirn und Nerven.
- Hildegard von Bingen: »... erfreut das Herz.«
- Hohe Dosen wirken abstumpfend, betäubend.

- *Neroli* (Orangenblüte)
- Stark beruhigend, spannungslösend, antidepressiv.
- Orangenblütenöl eignet sich als das »Herz« einer Blütenmischung. Es paßt gut zu Bergamotte, Jasmin, Lavendel, Rose, Rosmarin, Sandelholz und Zitrone.

- *Patschuli*
- (Blätter des indischen Patschulibaumes)
- Kleine Dosen regen an, höhere sedieren – abhängig auch vom individuellen Befinden.
- Aphrodisisch, stabilisierender Einfluß auf die vitalen Energiereserven.

- *Pfefferminze*
- Nervenkräftigend, erfrischend, kühlend, wenn der »Kopf raucht.«

Gesundheit und Schönheit

- Kleine Dosen regen an, hohe betäuben.
- *Rose*
- Harmonisierend, leicht tonisierend und beruhigend.
- Hildegard von Bingen schreibt über Rose und Salbei: »Der Salbei tröstet, die Rose erfreut.«

- *Rosmarin*
- Vitalisierend, anregend, tonisierend, stärkt die Willenskraft. Paßt gut zu anderen frischen Düften wie Basilikum, Bergamotte, Pfefferminze.

Gesundheit und Schönheit

- *Salbei*
- Kräftigend, anregend-sedativ, leicht euphorisierend.

- *Sandelholz*
- Leicht tonisierend, aphrodisisch, sedativ.
- Verbindet sich mit den meisten Ölen gut, vor allem mit Rose und Orangenblüte.

- *Thymian*
- Vitalisierend, belebend, nervenstärkend, aphrodisisch, desinfizierend. Z. B. bei Abwehrschwäche.
- Gut in der Mischung mit anderen frischen und desinfizierenden Ölen.

- *Wacholder*
- Stärkend, beruhigend, tonisierend; z. B. bei nervösen Störungen. Paßt gut zu Rosmarin und Zypresse.

- *Weihrauch*
- Erhebend, besänftigend, wärmend, inspirierend. Enthält eine würzige Note. Mischt sich mit den meisten Essenzen gut.

Gesundheit und Schönheit

- *Ylang-Ylang*
- (aus den Blüten des südostasiatischen Ylang-Ylang-Baumes)
- Mildes Nervenstimulans, emotional ausgleichend und aphrodisisch.
- Ein exotischer, sinnlicher Duft, der in zu hohen Konzentrationen Kopfschmerzen verursachen kann.
- Verbindet sich gut mit Sandelholz und Jasmin.

- *Ysop*
- Tonisierend, schwach sedierend, belebend, wärmend, kräftigend, fordert die Konzentration.

Gesundheit und Schönheit

- *Zypresse*
- Ausgleichend für das Nervensystem, konzentrationsfördernd. Gut mit Wacholder.

- *Fichte / Kiefer*
- Anregend, erfrischend, desinfizierend.

- *Zitrusfrüchte*
- Die Öle von Zitrone und Orange wirken erfrischend und kräftigend bei Gefühlen von Niedergeschlagenheit und Mutlosigkeit.

- *Eine beruhigende, stärkende, ausgleichende Mischung z. B. nach einem anstrengenden Arbeitstag*
- 2,5 ml Bergamotte
- 2,5 ml Jasmin
- 2,5 ml Neroli
- 2,5 ml Zypresse

- *Zur Reinigung und Entgiftung der Luft*
- Thymian
- Lavendel
- Fichtennadel
- Eukalyptus
- Geben Sie jeweils zwei bis drei Tropfen in eine

Gesundheit und Schönheit

- Schale Wasser zum Verdampfen.

- *Eine mögliche Mischung bei Niedergeschlagenheit und Mutlosigkeit*
- 2,5 ml Jasmin
- 2,5 ml Nelke
- 2,5 ml Patschuli
- 2,5 ml Sandelholz

Die lieben Tiere

Die lieben Tiere

Wenn das Malheur passiert ist
Ist Ihrem Hund in der Wohnung ein Malheur passiert? Nehmen Sie so viel wie möglich von der Feuchtigkeit auf. Anschließend bearbeiten Sie den Fleck mit einer Seifenlösung unter Zusatz von Essig. Die Stelle dann mit klarem Wasser nachwischen.

Wenn der junge Hund heult
Möglicherweise vermißt er seine Mutter. Trösten Sie ihn, indem Sie ihm eine in ein Tuch gewickelte Wärmflasche und eine tickende Uhr in sein Körbchen legen.

Eventuell hilft auch sanfte Radiomusik.

Die lieben Tiere

Flohschutz
Die Flöhe halten sich von Ihrem Hund fern, wenn Sie ihm etwas Bierhefe in das Fell reiben.

Keine Teppichfusseln mehr
Sie füllen eine Sprühflasche mit 1 Teil Wäscheweich und 5 Teilen Wasser, sprühen damit den Teppich leicht ein und lassen ihn trocknen. Absaugen; danach werden keine Fusseln oder Haare Ihres Haustieres mehr an Ihren Kleidern haften.

Schneller stubenrein
Hängen Sie an die Türklinke ein Glöckchen. Jedesmal, wenn Sie mit Ihrem Hund »Gassi« gehen, läuten Sie dran. Schon nach kurzer Zeit klingelt ihr Hund selber, wenn er hinaus muß.

Ein Sicherheitstip für »Waldi«
Kleben Sie Leuchtpunkte auf das Halsband Ihres Hundes, damit er in der Nacht besser gesehen und nicht überfahren wird.

Fester Halt für den Trinknapf
Schlagen Sie einen Holzpflock in die Erde und

Die lieben Tiere

stellen eine ausgediente Gugelhupf-Form darüber. So kann der Hund seinen Trinknapf nicht mehr umstoßen.

Wenn der Freßnapf rutscht
Kleben Sie unter den Hunde- oder Katzenfreßnapf einen Gummiring eines Einmachglases, er kann dann nicht mehr umherrutschen.

Käse für den Hund
Daß Käse die Hundenase verdirbt, ist ein alter Aberglaube. Wenn der Käse nicht zu stark gewürzt ist, wird er von Hunden sehr gern gefressen und schädlich ist er auch nicht.

Die lieben Tiere

Trockenshampoo für den Hund
Backpulver oder Stärkemehl eignet sich auch sehr gut als Trockenshampoo für alle Pelztiere. Das Backpulver gut einreiben und anschließend tüchtig ausbürsten.

Junge Katzen sind verspielt
Durch ihren Spieltrieb sind junge Kätzchen sehr unfallgefährdet. Sie sollten nichts herumliegen lassen, was Gefahren bergen könnte, z. B. Nähkörbchen, Bodenvasen, Chemikalien, Steckdosen, etc. Steckdosen können durch Kindersicherungen kätzchensicher gemacht werden.

Flüssige Medizin für die Katze
Die meisten Katzen sträuben sich, flüssige Medizin einzunehmen. Versuchen Sie doch Folgendes: Schütten Sie die Medizin tröpfchenweise auf die Pfoten der Katze. Sie wird sich instinktiv ablekken und so die Medizin aufnehmen.

Katzenhaare entfernen
Mit einem feuchten Schwamm entfernen Sie Katzenhaare ganz einfach von den Polstern.

Die lieben Tiere

Katzen im Urlaub
Da die Katze ihre gewohnte Umgebung braucht, sollte man sie auch nicht herausreißen. Auch im Urlaub ist es besser, eine gute Bekannte, die auch das Tier kennt, zu bitten, die Katze zu füttern.

Ist Ihre Katze heikel?
Ihre Katze wird nicht mehr so wählerisch sein, wenn Sie über das Fressen ein wenig Öl aus einer Thunfischdose darüberträufeln.

Katzenkauf
Wenn Sie ein Kätzchen kaufen, achten Sie dar-

Die lieben Tiere

---

auf, daß das Junge mindestens 11 Wochen alt sein muß, bevor Sie es zu sich nehmen können.

Papageienzähmung
Füttern Sie Ihren Papagei von Hand, damit er bald zahm wird. Sprechen Sie während des Fütterns mit ihm.

Besondere Leckerbissen sind Hasel- und Walnüsse, sowie Pistazien und Erdnüsse.

Ist der Vogel ausgeflogen
Hat Ihr Vogel den Käfig verlassen und will freiwillig nicht mehr zurück, können Sie ihn problemlos wieder einfangen. Dunkeln Sie das Zimmer ab. Der Vogel wird regungslos sitzenbleiben.

Vögel und Zimmerpflanzen
Zimmerpflanzen wie Alpenveilchen, Becherprimeln oder Gloxinien vertragen es nicht, wenn die freifliegenden Stubenvögel an den Trieben knabbern. Man stellt die Pflanzen deshalb solange hinter die Stores oder zieht die Gardinen zu.

Wellensittich-Knabbereien
Wellensittiche und auch Papageien lieben Knab-

Die lieben Tiere

berzweige im Vogelbauer. Baumrinde enthält wichtige Mineralien und Spurenelemente, außerdem ist sie gut für den Schnabel. Achten Sie aber darauf, daß die Zweige nicht von Bäumen stammen, die mit Insektiziden gespritzt wurden. Waschen Sie deshalb den Zweig auf jeden Fall gründlich vorher ab.

Geeignet sind die Zweige von Obstbäumen, Ahorn, Eberesche, Weide und Pappel.

Wenn der Vogel Milben hat
Hängen Sie ein Stück dicken Filz an die Rückwand des Vogelkäfigs. Die Milben ziehen dann sofort in den Filz um.

Die lieben Tiere

Winterfütterung für Singvögel
Auch wenn es zwischendurch einmal mild ist und der Schnee taut, sollten Sie die Vögel im Garten weiterfüttern. Die Tiere können sich nicht umstellen und finden so schnell keine andere Futterquelle.

Kein Badespaß für Vögel im Winter
Bei Frostwetter im Winter das Trinkwasser für Vögel nur in kleinen Näpfchen hinausstellen, weil die Vögel im gewohnten flachen Becken sonst baden. Dabei erstarrt das nasse Gefieder und Vögel werden fluguntauglich.

Selbstgemachtes Meisenfutter
Ungesalzenes Fett wie Rindertalg oder Kokosfett flüssig machen und Körner, getrocknete Beeren, Apfelschnitzel und Obstschalen hineingeben. Die erkaltete Masse zu Ringen formen oder in Netze geben und aufhängen. Auch umgedrehte kleine Blumentöpfe eignen sich sehr gut als Futternapf, zumal andere Vögel keinen Zugang zum Fressen haben.

Weihnachtsbaum als Futterplatz
Der geplünderte Weihnachtsbaum wird rausge-

Die lieben Tiere

stellt und mit Meisenringen, -knödeln, -herzen und selbstgebackenem Fettfutter behängt. Auf den dichten Zweigquirlen können auch weniger geschickte Vögel als Meisen einigermaßen stehen, und sie sind dort recht gut vor Katzen geschützt.

Sommertränke immer frisch füllen

Die Vogeltränke ist im Sommer fast noch wirksamer als der Futterplatz für Vögel, weil sie nur in flachem Wasser baden und trinken können. Es muß dabei verhindert werden, daß sich Katzen ungesehen anschleichen können.

Selbst wenn die Tränke an Regentagen voll ist,

sollte man das Wasser regelmäßig ausgießen, die Schale sauber ausreiben und frisches Wasser einfüllen.

Getränkebar für Vögel
Singvögel brauchen im Garten ein Trink- und Badebrünnchen. Ein flach aufgeschnittener Autoreifen mit einer Gruppe von flachen Steinen für den Anflug eignet sich gut. Schöner sind natürlich der Umgebung angepaßte Kleinstgewässer aus Ton oder Zement.

Brutkästen für die Vögel
Wenn die Brut ausgezogen ist, sollten die Nistkästen gereinigt und desinfiziert werden. Danach sofort wieder aufhängen, damit die Dämpfe bis zum Frühjahr verdunsten können.

Die Brutkästen dienen auch zwischendurch als Schutz, wenn das Wetter rauh ist.

Goldhamster als Virusüberträger
Goldhamster können eine Virusinfektion auf Menschen übertragen, die zur Gehirnhautentzündung führen kann. Die Übertragungsgefahr wurde aber bisher nur bei Tieren bis zu drei Monaten festgestellt. In dieser Zeit sollte

Die lieben Tiere

zu enger Kontakt mit dem Tier vermieden werden.

Sauberes Aquarium
Nehmen Sie Tafelsalz (kein jodhaltiges) und reiben Sie die Scheiben gut mit einem zerknüllten Nylon-Strumpf ab. Anschließend gut spülen, damit keine Rückstände bleiben.

Do it yourself

Do it yourself

- **Werkzeug, vor Rost geschützt**
- Stahlwerkzeuge, die Sie nicht so häufig brauchen, wickeln Sie zum Schutz vor Rost am besten in Ölpapier ein.

- **Fangen Sie die Feuchtigkeit ein**
- Legen Sie ein Stück Kreide, Holzkohle oder einige Mottenkugeln in den Werkzeugkasten.
- Dadurch wird die Feuchtigkeit absorbiert, und Ihr Werkzeug ist vor Rost geschützt.

Schrauben vorher einseifen
Schrauben lassen sich leichter eindrehen, wenn man sie vorher in ein Stück Seife steckt.

Do it yourself

Die Schraube sitzt fest
Erhitzen Sie die Spitze des Schraubenziehers, und setzen Sie ihn auf den Schraubenschlitz. Durch die Hitze wird sich die Schraube zunächst ausdehnen. Beim Abkühlen zieht sie sich wieder zusammen und gibt dadurch mehr Spielraum zwischen Schraube und Holz frei.

Ist die Schraube locker?
Wenn sich Metallschrauben immer wieder lockern, dann geben Sie einen Tropfen Schellack unter den Schraubenkopf. Die Schraube lockert sich nicht mehr so schnell.

Schrauben einfacher eingedreht
Haben Sie Schrauben an schwer erreichbaren Stellen einzuschrauben, dann ist es einfacher, Sie stecken die Schrauben durch ein Stück Klebeband. Die klebende Seite muß nach oben zeigen. Mit dem Klebeband können Sie die Schraube dann an der Spitze des Schraubenziehers befestigen.

Glasschneiden
Glasschneiden ist gar nicht so einfach, weil der Glasschneider oft abrutscht. Streichen Sie das

Do it yourself

nächste Mal die Schnittlinien vorher mit einem öl- oder terpentingetränkten Lappen ein. Sie werden sehen, es funktioniert viel besser.

Ein Holzklotz zum Schmirgeln
Das Schmirgelpapier hält länger und ist besser zu handhaben, wenn Sie es um ein handgerechtes Stück Holz wickeln und auf der Rückseite etwas anfeuchten.

Halt für den Bohrer
Damit Sie nicht abrutschen, wenn Sie in eine Kachelfliese bohren müssen, kleben Sie ein Stück Krepp-Klebeband auf die Bohrstelle.

Do it yourself

Wo ist der Stahlträger in der Wand?
Am sichersten finden Sie den Stahlträger oder auch eine elektrische Leitung in der Wand mit einem batteriegeladenen Metallsucher (im Elektrohandel erhältlich), der rot aufleuchtet, wenn er fündig geworden ist. Als Ersatz können Sie aber auch einen Taschenkompaß verwenden. Die Kompaßnadel reagiert auf Stahl.

Der Nagel in der Wand
Kleben Sie zuerst zwei durchsichtige Klebestreifen über Kreuz auf die vorgesehene Stelle. Dann können Sie den Nagel einschlagen, ohne daß der Putz abbröckelt.

Nägel in dünnes Holz einschlagen
Nägel lassen sich in dünne Bretter einschlagen, ohne daß das Holz spaltet, wenn man die Nagelspitze etwas stumpf schlägt.

Schutz für Ziernägel
Damit Ziernägel auch nach dem Einschlagen mit dem Hammer noch schön aussehen, schützen sie den Nagel, indem Sie ein Stück Krepp-Klebeband auf den Hammerkopf kleben.

Do it yourself

Wie finde ich die Nägel unter dem Anstrich?
Ein Magnet hilft Ihnen, die überstrichenen oder überspachtelten Nägel oder Schrauben in der Wand zu finden.

Dünnbrettbohrer
Beim Löcherbohren verschätzt man sich leicht und bohrt evtl. zu tief. Wickeln Sie ein farbiges Klebeband um den Bohrer, und zwar an der Stelle, bis wohin der Bohrer eindringen soll.

Diese Maßnahme ist besonders sinnvoll, wenn man mehrere gleich tiefe Löcher bohren will.

Do it yourself

Gips abbinden
Soll Gips langsam abbinden, geben Sie etwas Essig oder Zitronenkonzentrat zu.

Soll er aber schnell abbinden, dann geben Sie dem Gipsbrei etwas Salz zu.

Beachten Sie: Gips wird immer in Wasser eingerührt, nicht umgekehrt, sonst bekommen Sie Klumpen.

Rauhes Holz
Auch die kleinste rauhe Stelle im Holz läßt sich ausfindig machen, wenn Sie einen alten Perlonstrumpf über die Hand ziehen. Fahren Sie damit über das Holz, und bei der nächsten rauhen Stelle bleiben Sie hängen.

Flüssigholz für kleine Reparaturen
Flüssigholz schrumpft nicht, bleibt elastisch und ist außerdem noch wasserfest. Damit kann man kleine Schäden auf der Holzoberfläche ausbessern. Mit Wachsstiften lassen sich die ausgebesserten Stellen der Holzfarbe anpassen.

Überschüssiger Leim
Wenn Sie feste Gegenstände kleben wollen, befestigen Sie am Rand der beiden Teile ein Klebe-

Do it yourself

band. Überschüssiger Leim wird daran haften bleiben und kann nachher mit dem Klebeband entfernt werden.

Geklebte Gegenstände
Wäscheklammern (mit Federn) eignen sich gut dazu, um geklebte Gegenstände zum Trocknen zusammenzuhalten.

Oder verwenden Sie einen Hosenbügel mit Klammern.
Bei sehr kleinen Gegenständen versuchen Sie's mit einem kleinen Haarklip.

Do it yourself

Winzige Zwinge für kleine Dinge
Für sehr kleine geklebte Dinge eignen sich zum Festhalten während des Trocknens Ohrklips oder Ohrringe mit Schraubenhalterung.

Nothilfe für tropfenden Wasserhahn
Wenn Sie das Geräusch stört, binden Sie einfach eine Schnur an den Hahn, die bis zum Abfluß reicht. Das Wasser wird still die Schnur entlangrinnen.

Übrigens: Ein tropfender Wasserhahn ist sehr teuer, und der Wasserverbrauch ist größer als Sie denken.

Straffe Rohrstühle
Rohrstuhlsitze, die durchhängen, begießen Sie mit heißem Wasser, und lassen sie anschließend in der Sonne trocknen. Wenn das Geflecht ganz durchgetrocknet ist, streichen Sie es mit Zitronen- oder Zedernöl ein. Es bleibt geschmeidig und splittert nicht.

Damit der Schaukelstuhl nicht kratzt
Bekleben Sie die Kufen Ihres Schaukelstuhles mit Leinen-Klebeband. Ihr Parkett, aber auch gewachste Böden verkratzen nicht so schnell.

Do it yourself

Klappernde Fenster
Wenn die Fenster klappern, nehmen Sie Hühneraugenpflaster und kleben es zum Polstern an den Rahmen.

Knarrende Dielen
Wenn die Dielen bei jedem Schritt knarren, dann füllen Sie Schmierseife in die Ritzen. Das hilft!

Wenn die Schublade klemmt
Streichen Sie die klemmende Schubladen mit Bohnerwachs oder einer Kerze ein. Auch Kernseife ist sehr gut geeignet.

Do it yourself

Stoßdämpfer für die Türen

Stecken Sie eine Reißzwecke an die Stelle, wo die Türklinke dauernd an die Wand schlägt. Die Wände werden etwas geschont.

Wenn das Stuhlbein wackelt

Ist ein Stuhlbein wacklig, hält es besser, wenn Sie den Zapfen mit einem dünnen Streifen aus einer Nylonstrumpfhose oder einem Zwirn umwickeln. Dann den Holzleim auftragen und das Stuhlbein wieder einfügen.

Klemmende Türen

Reiben Sie die Reibflächen mit Bohnerwachs oder Paraffin ein.

Lose Fliesen

Bei Kunststoffböden lösen sich von Zeit zu Zeit einzelne Fliesen. Legen Sie ein Stück Alufolie drauf und gehen ein paarmal mit dem heißen Bügeleisen drüber. Dadurch wird der Klebstoff weich. Anschließend beschweren Sie die Fliese und lassen sie gut trocknen. So können Sie Fliesen auch vom Boden ablösen.

Do it yourself

Pinnwand – wie neu
Wenn Ihre Pinnwand schon etwas zerstochen ist, müssen Sie sie nicht gleich ausrangieren. Schleifen Sie die Kork-Pinnwand mit ganz feinem Schleifpapier ab und anschließend wischen Sie mit einem mit Möbelpolitur getränktem Tuch drüber. Sie ist fast wie neu.

Brandloch im Teppich
Wenn Sie ein Brandloch im Teppich haben, schneiden Sie die verbrannten Fasern mit einer Rasierklinge ab. Mit einer harten Bürste oder einer Pinzette ziehen Sie sich Fasern aus dem Teppich. Geben Sie Alleskleber in das Brandloch und drük-

Do it yourself

---

ken die Fasern hinein. Dann legen Sie ein Papierküchentuch und ein schweres Buch drauf. Dadurch trocknet es langsam und vom Brandloch sehen Sie keine Spur mehr.

Wenn der Tisch wackelt
Hierfür gibt es ein einfaches Patent. Geben Sie Holzpaste aus der Tube auf Pergamentpapier, und stellen Sie das zu kurze Tischbein darauf. Aufpassen, daß der Tisch gerade steht. Am besten mit der Wasserwaage nachprüfen. Die Holzpaste über Nacht gut antrocknen lassen. Dann die überstehenden Reste abschneiden und mit Schleifpapier nachschleifen.

Schmirgeln und Schleifen
Feuchten Sie unbedingt die Holzfläche vor dem Schmirgeln oder Schleifen an.

Sperrholz sägen
Kleben Sie einen Streifen Klebeband auf die Schnittfläche. Sie verhindern dadurch, daß das leichte Holz an der Oberfläche splittert.

Tapeten im Badezimmer
In den Feuchträumen, also Bad und Küche lösen

Do it yourself

sich durch den Wasserdampf leichter die Tapeten. Das können Sie verhindern, indem Sie die Stöße mit Klarlack überstreichen.

Verstopfter Ausguß
Wenn Sie mit einer Saugglocke die Spüle oder das Waschbecken bearbeiten, müssen Sie die Überlauföffnung mit einem nassen Tuch verstopfen, sonst entsteht kein Druck.

- ***Verstopfte Rohre***
- Verwenden Sie keine Abflußreiniger! Die altbewährte Gummi-Saugglocke tut den gleichen Dienst. Im Fachhandel gibt es auch Spi-

Do it yourself

🌿 ralen, mit denen längere Rohrstücke – zum
🌿 Beispiel an der Badewanne – gereinigt werden
🌿 können.

Ein Loch im Kunststoffboden ausbessern
Nehmen Sie eine gleichfarbige Ersatzfliese und zermahlen diese im Mixer. Vermischen Sie dieses Pulver mit farblosem Klebstoff und füllen das Loch damit. Gut trocknen lassen und mit Sandpapier glattschleifen.

Hausschlüsselwäsche
Ein Schlüssel, der sich schwer im Schloß drehen läßt, benötigt dringend eine Wäsche mit warmem Seifenwasser. Danach gut abtrocknen und mit Paraffin einreiben. Achtung, kein Öl verwenden.

Wenn der Lautsprecher brummt
Meistens liegt es daran, daß die Membrane einen Riß hat. Das ist das kegelförmige Papier, welches Sie sehen, wenn Sie den Lautsprecher öffnen. Mit farblosem Nagellack können Sie den Riß ausbessern.

Keine Schnurprobleme
Wenn Sie das Ende eines Schnurknäuels mit

Do it yourself

Schellack oder Alleskleber bestreichen, wird es nicht mehr ausfransen.

Damit nichts verloren geht
Kleben Sie ein doppelseitiges Klebeband auf Ihren Arbeitstisch, bevor Sie einen Gegenstand auseinandernehmen, der aus vielen kleinen Teilen (z.B. Schräubchen) besteht. In der Reihenfolge, in der Sie die Teile herausgenommen haben, kleben Sie sie auf das Band. Beim Zusammensetzen ist es dann viel einfacher.

Passende Bücherstützen
Nehmen Sie zwei Ziegelsteine und überziehen

Do it yourself

Sie die mit den passenden Tapeten. Sie können aber auch einen wattierten Stoff nehmen, der farblich gut paßt.

Damit die Bilder gerade hängen
Bringen Sie an den vier Ecken des Rahmens etwas doppelseitiges Klebeband an und pressen den Rahmen gegen die Wand.

Schimmel an den Kellerwänden
Es entsteht kein Schimmel, wenn die trockenen Wände mit einer 1 %igen Lösung von Antonin abgewaschen werden.

Schimmel verschwindet wieder, wenn man in eine Schale mit Salz konzentrierte Schwefelsäure gießt und den Raum 1 Tag verschlossen hält. Bei nassen Kellerräumen stellt man ein flaches Gefäß mit Katzenstreu oder Salz auf. Zwei- bis dreimal in der Woche erneuern. Das Salz und Katzenstreu können Sie trocknen und immer wieder verwenden.

Papierschildchen von Holz entfernen
Wenn Sie keinen Etikettenlöser haben, nehmen Sie einige Tropfen Pinselreiniger oder Alkohol. Die Flüssigkeit gut einwirken lassen und dann

Do it yourself

das Papier abreiben. Vorgang eventuell wiederholen. Nicht mit dem Messer kratzen!

- ***Ohne Lösungsmittel malen***
- Wenn Sie Lacke oder Dispersionsfarben kaufen, achten Sie darauf, daß sie lösungsmittelfrei sind. Die Farben sind auf Wasserbasis hergestellt und die Werkzeuge lassen sich viel besser wieder reinigen. Außerdem erspart Ihnen das unter Umständen einige Kopfschmerzen, die durch Lösungsmittel hervorgerufen werden können.

Do it yourself

Saubere Malerhände
Vor der Malerarbeit reiben Sie Ihre Hände mit einer zinkhaltigen Babycreme oder mit Vaseline ein. Nach dem Malen ist es viel einfacher, die Hände zu reinigen.

Damit die Farbe stimmt
Tragen Sie nach dem Malen etwas Farbe auf einen Eisstiel aus Holz oder auf ein Stück weißen Karton auf. Das ist ein gutes Farbmuster, wenn Sie Gardinen, Kissen oder andere dazupassende Dinge einkaufen wollen.

Elastische Pinselborsten
Nie den Pinsel ganz in die Farbe eintauchen! Die Pinselbewegung bleibt stets elastisch und die Farbe wird gleichmäßig verteilt, wenn Sie mindestens das obere Drittel der Borsten trocken lassen.

❦ *Pinsel-Reiniger*
❦ Harte Pinsel zuerst in heißem Essigwasser
❦ einweichen, dann in warmer Waschlauge aus-
❦ waschen. Farbroller und normale Pinsel blei-
❦ ben besonders weich, wenn sie in Wasser mit
❦ Weichspüler ausgewaschen werden.

Do it yourself

Eingefrorener Pinsel
Schaffen Sie die Lackierarbeit nicht an einem Tag, so können Sie sich Zeit sparen, den Pinsel zu säubern.

Wickeln Sie den Pinsel in eine Folie und legen ihn ins Gefrierfach.

Denken sie daran: Bevor Sie weiterarbeiten, lassen Sie den Pinsel ca. 1 Stunde auftauen.

Haltbare Pinsel
Vor dem ersten Benutzen weichen Sie neue Pinsel 12 Stunden in Leinölfirnis ein. Sie lassen sich leichter reinigen und halten viel länger.

Do it yourself

Plastiktüten in Reichweite
Beim Malern sollten Sie immer kleine Plastiktüten in der Nähe haben. Wenn das Telefon oder die Türglocke klingelt, können Sie sie als Handschuhe benutzen. So hinterlassen Sie nicht überall Ihre Spuren.

Saubere Farbtöpfe
Decken Sie den Rand des Farbtopfes mit Krepp-Klebeband ab, wenn Sie Farbe in ein anderes Gefäß schütten wollen.

Nach dem Umgießen entfernen Sie das Klebeband wieder. So bleibt der Rand sauber, und der Farbtopf läßt sich wieder fest verschließen.

Decken abwaschen vor dem Streichen
Stark verschmutzte Decken und Wände müssen vor dem Streichen abgewaschen werden. Lösen Sie ¼ Pfund Schmierseife in 4 Liter lauwarmem Wasser auf. Mit einer Bürste oder einem großen Malerpinsel reinigen Sie dann die Wände.

Die Lauge aus Schmierseife und Wasser ist ein ausgezeichnetes Reinigungsmittel und wirkt gleichzeitig als Isolierung. Decken und Wände gut trocknen lassen und streichen.

Do it yourself

Tropfenfänger für die Decke
Schneiden Sie sich aus einem Karton einen Tropfenfänger, wenn Sie die Decke streichen. In die Mitte der Pappe schneiden Sie ein Loch und stecken den Stiel des Pinsels oder Rollers durch. Befestigen Sie ihn mit festem Klebeband.

Saubere Kanten
Kleben Sie auf die Fensterscheiben ein Krepp-Klebeband, wenn Sie die Rahmen streichen. So bekommen Sie schöne, saubere Kanten. Das Klebeband erst nach dem Trocknen der Farbe entfernen.

Do it yourself

Schutz vor Farbspritzern
Damit Ihre Scheiben von Farbspritzern verschont bleiben, befeuchten Sie Zeitungen oder anderes Papier mit glatten Rändern mit warmem Wasser. Die Scheiben völlig mit dem Papier abdecken. Achten Sie darauf, daß das Papier an den Rändern und in den Ecken dicht anliegt. Durch die Feuchtigkeit bleibt das Papier so lange haften, bis Sie mit dem Anstrich fertig sind.

Undurchsichtige Scheiben
Wenn Sie Glasscheiben undurchsichtig machen wollen, dann lösen Sie ein halbes Pfund Salz in einem viertel Liter Weißbier auf und bestreichen damit die Scheibe. Diesen Belag können Sie jederzeit wieder abwaschen, wenn Sie wieder durchblicken wollen.

Holzimprägnierung mit blauem Engel
Nach vier bis fünf Jahren müssen Imprägnierungen von Holzteilen, die der Witterung ungeschützt ausgesetzt sind, erneuert werden. Verarbeiten Sie nur Produkte mit dem blauen Engel, die auch PCP-, Lindan- und bleifrei sind. Wenn das Holz schon befallen ist, müssen Sie ein Spezialschutzöl auftragen, wel-

Do it yourself

- ches in die Poren dringt und dort jahrelang
- wirksam bleibt.

Farbe auf der Fensterscheibe
Wenn Sie Öl- oder Kunstharz-Farbflecken auf der Scheibe haben, nehmen Sie zum Entfernen reinen Alkohol oder Nagellackentferner. Lassen Sie ihn einige Minuten einweichen und reiben dann mit einem Tuch nach. Normalerweise geht damit auch die Farbe ab, die schon älter ist.

Arbeitsunterbrechung beim Lackieren
Füllen Sie ein altes Konservenglas mit Wasser, da können Sie Pinsel mit Lackfarbe oder

Do it yourself

Kunstharzdispersionen vorübergehend aufheben. In den Deckel des Schraubverschlusses stechen Sie ein Loch. Da stecken Sie den Pinselstiel so weit durch, daß die Borsten den Boden nicht mehr berühren. Den Deckel auf dem Stiel können Sie gleichzeitig als Tropfenfänger verwenden.

Heizkörperanstrich
Wenn Sie die Heizkörper streichen, drehen Sie die Heizung ein wenig an, so daß sie etwas erwärmt ist. Nach dem Anstrich stellen Sie die Temperatur noch höher. »Eingebrannter« Lack hält viel länger. Auch für Heizkörper gibt es schon lösungsmittelfreie Lacke.

Dunkle Heizkörper
Es ist erwiesen: Dunkel gestrichene Heizkörper strahlen mehr Wärme ab als helle.
Aber die Fläche hinter den dunklen Heizkörpern sollten Sie hell lassen, denn weiße (helle) Flächen strahlen mehr Wärme zurück.

Farbentferner für das Gesicht
Als guter Farbentferner für Gesicht und Hände

Do it yourself

eignet sich Speise- oder Babyöl. Vor allem reinigen Sie so Ihre Haut sehr schonend.

Farbe in den Tapetenkleister
Damit Sie besser sehen können, ob die Tapete ganz zum Rand mit Kleister eingestrichen ist, geben Sie etwas Lebensmittelfarbe hinein.

🕯 Tapeten ablösen
🕯 Mischen Sie sich eine Lösung aus gleichen
🕯 Teilen Essig und warmem Wasser. Nehmen
🕯 Sie einen Schwamm oder Farbroller und durch-
🕯 nässen die Tapete gut. Die Tapete löst sich in
🕯 großen Stücken ab, wenn Sie diese Lösung

Do it yourself

───────────────

❦ zweimal aufgetragen haben.

Stumpfe Tapetenscheren
Tapetenscheren werden wieder scharf, wenn Sie damit ganz feines Schmirgelpapier schneiden.

Rund um's Auto

Rund um's Auto

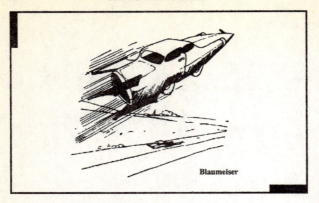
Blaumeiser

Die Tageszeitung für das Auto
Eine Zeitung, im Winter unter die Matten gelegt, saugt Feuchtigkeit auf und verhindert stehende Nässe, die unweigerlich zum Durchrosten führen würde. Von Zeit zu Zeit wechseln.

Aus der Zeitung (oder einer Landkarte) können Sie auch einen Trichter zusammenrollen, wenn Sie Benzin aus dem Reservekanister nachfüllen müssen und kein Trichter zur Hand ist.

Automatische Antennen
Vergessen Sie nicht, die Antenne von Zeit zu Zeit zu reinigen und einzufetten. Mit einem Butterpapier funktioniert dies prächtig.

Rund um's Auto

Wecker gegen Auto-Marder
Der Verbiß der elektrischen Leitungen durch Marder ist in manchen Gegenden eine richtige Plage. Kaufen Sie den billigsten Wecker und legen ihn in den Motorraum.

Das Ticken wird die Marder schnell vertreiben. Vergessen Sie aber den Wecker am nächsten Morgen nicht!

Rutschfeste Fußmatten
Verrutschende Fußmatten können gefährlich sein. Kleben Sie Teppichklebeband in 20 cm langen Streifen auf die Rückseiten der Gummimatten und drücken sie fest gegen den Wagenboden.

Ein Abschleppseil bringt Sicherheit
Auch wenn Sie glauben, daß Ihr Wagen niemals liegenbleibt: Mit einem Abschleppseil im Kofferraum können Sie vielleicht einmal einem anderen Autofahrer helfen. Es nimmt nicht viel Platz weg!

Scheinwerfer-Ersatz
Wenn ein Scheinwerfer kaputt ist, bekleben Sie ihn mit rückstrahlendem Klebeband. Bis

Rund um's Auto

Blaumeiser

zur nächsten Werkstatt ist es ein guter Notbehelf.

Scheinwerferbirne
Ist die Birne im Scheinwerfer kaputt, dann fassen Sie sie nur am Sockel an. Fingerabdrücke auf dem Glas werden bei Benutzung des Scheinwerfers richtig eingebrannt. Somit verkürzt sich die Lebensdauer der Lampe.

Kühler und Kühlwasser
Wenn das Kühlwasser kocht, nicht den Motor abstellen, sondern die Heizung einschalten und den Motor weiter laufen lassen. Die Temperatur

Rund um's Auto

sinkt dann sehr schnell ab.

Tips für das Handschuhfach
Erfrischungstücher hineinlegen. Es ist angenehm, die Hände damit zu reinigen, wenn man getankt hat oder am Auto etwas in Ordnung gebracht hat.

Kleingeld
Legen Sie sich immer ein paar Münzen ins Handschuhfach. So können Sie im Notfall schnell telefonieren, ohne lange wechseln zu müssen.

Tankverschlüsse nicht vergessen
Ihren Tankverschluß werden Sie nicht mehr vergessen können, wenn Sie an die Innenseite des Tanktürchens einen Magnet befestigen (am besten ankleben) und dort den Verschluß beim Tanken verwahren.

Ein Tropfen Öl
Braucht man für den selten benutzten Wagenheber oder für Radmuttern einige Tropfen Öl und man hat kein Ölkännchen zur Hand, kann man sich mit dem Ölmeßstab behelfen.

Rund um's Auto

Ein Loch im Benzintank
Hier ist schnelle Hilfe von Nöten. Verstopfen Sie das Loch vorübergehend mit einem ausgekauten Kaugummi.

Garagentips
Bei schmalen Garagen verhindert ein an die Längswände geklebter Schaumstoffstreifen, daß der Lack an den Türen abgeschlagen wird, besonders an der Fahrerseite.

Hängen Sie einen kleinen Gummiball an einer Schnur so von der Decke, daß er die Windschutzscheibe berührt, wenn Sie die richtige Position haben, um vorne nicht anzustoßen und hinten das Garagentor schließen zu können.

Weiches Autoleder
Auto- und Fensterleder kann man wieder weich machen, wenn man sie in lauwarmes Seifenwasser legt, dem etwas Salmiakgeist zugesetzt wird. Ohne nachzuspülen, hängt man das Leder zum Trocknen auf.

Fahrtechnik im Winter
Zum Vordermann einen dreimal so großen Abstand halten wie auf trockener Straße.

Startversuch mit Ruhepause
Die Batterie startet manchmal morgens nicht sofort, wenn es zu kalt ist. Auch wenn Sie schon spät dran sind, betätigen Sie den Anlasser nicht ununterbrochen. Zwischen den Startversuchen müssen Sie immer wieder eine Ruhepause für die Batterie einlegen.

Phantastische Starthilfe
Wenn Ihr Auto in der Garage steht und im Winter nicht anspringen will, blasen Sie mit einem Fön heiße Luft auf den Vergaser.

Rund um's Auto

Das Schloß ist eingefroren
Erwärmen Sie den Autoschlüssel mit dem Feuerzeug, oder legen Sie beide Hände um das eingefrorene Schloß und hauchen Sie hinein. Das Schloß wird sich schnell öffnen lassen.

Manchmal ist die Beifahrertüre nicht eingefroren und Sie können sich den ganzen Aufwand sparen.

Nachts kann man das Schloß mit einem Stückchen Leukoplast vor dem Einfrieren schützen.

Das eigene Frostschutzmittel für die Scheibenwaschanlage
Eine Mischung aus 1 Liter Spiritus, einer Tasse

Rund um's Auto

Wasser und zwei Eßlöffeln flüssigem Spülmittel macht bis −37° C frostbeständig und reinigt außerdem die Windschutzscheibe perfekt.

Keine vereisten Scheinwerfer
Die Scheinwerfer, Bremslichter und Blinker am Auto sollten Sie im Winter dünn mit Glyzerin einreiben. Es kann sich dann kein Eis bilden.

Die Schneemütze auf dem Autodach
Vor dem Losfahren im Winter den Schnee auch vom Autodach abkehren. Bei einer Bremsung haben Sie sonst eine Schneelawine vor der Windschutzscheibe.

Eisfreie Autoscheiben
Zugeschnittene Pappkartons, unter die Scheibenwischer geklemmt, halten die Scheibe auch bei starkem Frost eisfrei.

Noch besser für diesen Zweck sind ausgediente Röntgenbilder. Die Scheibe bleibt klarer.

Lassen Sie im Winter ein Fenster einen kleinen Spalt offen, um zu verhindern, daß die Autofenster von innen vereisen.

Ein warmes Sitzkissen
Schneiden Sie sich eine 2 cm starke Styroporplatte in Sitzkissengröße zurecht und nähen Sie eine Hülle drum herum.

Wenn Sie dieses Sitzkissen auf den kalten Sitz legen, haben Sie schon nach Sekunden das Gefühl, auf einer Heizplatte zu sitzen, so kräftig strahlt dieses Material die Körperwärme zurück.

Damit Türen und Kofferraum nicht einfrieren
Wenn Sie das Auto winterfest machen, vergessen Sie die Türen nicht!

Rund um's Auto

Die Gummidichtungen werden mit Talkum oder Glyzerin – vor allem zwischen den Gummiwülsten – sorgfältig eingerieben.

Keine Schaufel im Kofferraum?
Wenn Sie im Schnee oder Sand steckengeblieben sind und keine Schaufel haben, tut die Radkappe sehr gute Dienste.

Hilfe es schneit!
Ist viel Schnee zu erwarten, und Sie haben eine lange Garagenauffahrt, dann lassen Sie Ihr Auto gleich vorne an der Straße stehen. Sie brauchen dann nicht morgens schon die ganze Auffahrt freischaufeln. Das Auto »freizugraben« genügt meistens schon.

Katzenstreu als Anfahrhilfe
Legen Sie sich im Winter immer eine Packung Katzenstreu in den Kofferraum. Das ist eine prima Anfahrhilfe, wenn es besonders glatt ist.

Heiße Tage
Wenn man an heißen Tagen den Wagen in der Sonne abstellen muß, bleiben die Sitze verhält-

Rund um's Auto

Blaumeiser

nismäßig kühl, wenn man die Lehnen der Vordersitze nach vorne kippt.

Sonnenblenden verhindern den Durchblick
Sonnenblenden sind für die Insassen zwar angenehm, aber die nachfolgenden Autofahrer können dann nicht mehr durch das Auto durchsehen. Das ist sehr hinderlich.

Benzin verdunstet
Lassen Sie Ihr Auto im Sommer nicht in der Sonne stehen. Durch die Vergaser- und Tankentlüftung verdunstet das Benzin.

Rund um's Auto

Kratzer im Lack
Nicht immer hat man einen farblich passenden Lackstift zur Hand. Als Ausweg können Sie Wachsmalkreide verwenden, um den Kratzer auszubessern. Anschließend die Stelle mit farblosem Nagellack überstreichen. Wenn an einer Stelle die Farbe abbröckelt, sofort gründlich reinigen und mit Nagellack überstreichen. So bildet sich kein Rost, bis der Schaden bei der nächsten Inspektion gerichtet werden kann.

Coca-Cola gegen Rostflecken
Rostflecken auf Stoßstangen beseitigt man mit einem Stück Aluminiumfolie, das zerknüllt in Cola getaucht wurde. Der Rost wird einfach abgerieben.

Feine Stahlwolle, die man mit Seife oder Petroleum tränkt, ist ebenfalls ein gutes Mittel.

Orientierungshilfe für Raucher
Ist am Aschenbecher keine Zusatzbeleuchtung angebracht, dann kleben Sie doch eine Leuchtfolie an den Aschenbecher. Dadurch verlieren Sie die nächtliche Orientierung nicht.

Rund um's Auto

Zigarettenkippen im Aschenbecher
Kippen, die im Aschenbecher glimmen, stinken entsetzlich und sind gefährlich. Eine dünne Natron- oder Sandschicht wird dies in Zukunft verhindern. Wenn Sie bisher Ihre Kippen aus dem Fenster geworfen haben, sollten Sie an die enorme Umweltbelastung denken und dies sofort abstellen.

Hier wird nicht geraucht
Um zu verhindern, daß in Ihrem Auto geraucht wird, legen Sie Bonbons in den Aschenbecher. Zum einen ist der Aschenbecher »besetzt«, und den Rauchern wird es leichter fallen, wenn sie

statt der Zigarette ein Bonbon lutschen können.

Der Scheibenwischer im Nebel
Oft sieht man im Nebel besser, wenn man den Scheibenwischer laufen läßt. Zumindest wird dadurch jener Wasserdampf weggewischt, der sich aus dem Nebel auf der Scheibe niedergeschlagen hat.

Abgenutzte Scheibenwischer
Sind die Scheibenwischer abgenutzt, mit feinem Schleifpapier darüberreiben und Sie haben wieder einen »guten Durchblick«.

Verschmutzte Scheibenwischer lassen sich mit einer Mischung aus Backpulver und Wasser reinigen.

Garagenboden reinigen
Bei Ölflecken: Katzenstreu oder Sand auf den Boden streuen. Beides saugt das Öl auf und kann einfach mit dem Besen zusammengefegt werden.

Bevor Sie die Garage fegen, machen Sie kleine Stückchen Zeitungspapier naß und verstreuen Sie sie auf dem Boden. Die Zeitungspapierstückchen mit auffegen, so wird kein Staub aufgewirbelt.

Rund um's Auto

Blaumeiser

Ehegatten als Vertragspartner
Sind beim Autokauf beide Ehepartner anwesend, möchte der Verkäufer den Vertrag gelegentlich auch mit beiden abschließen. Es ist völlig ausreichend, wenn einer unterschreibt. Sollte es evtl. später Streitigkeiten über mündliche Verhandlungen beim Abschluß des Kaufvertrages geben, sind beide Ehepartner auch gleichzeitig Vertragspartner. Das heißt, daß vor Gericht beide auch nur als Partei gehört werden können und somit als Zeuge ausfallen.

Wenn das Blech weg ist
Um festzustellen, ob Spachtelstellen unter dem

Lack verborgen sind, benutzen Sie einen kleinen Magneten. Dort, wo der Magnet hängenbleibt, ist Blech. Fällt er ab, ist meist dicke Spachtelmasse drunter.

Auto-Identifzierung
Wenn Sie eines Tages beweisen müssen, daß es Ihr Auto ist, (z B. bei Diebstahl), ist es nützlich, gleich nach dem Autokauf eine Geschäfts- oder Visitenkarte in den Fensterschlitz zu stecken. Die Karte rutscht durch und könnte evtl. für Sie einmal ein Beweismittel sein.

Diebstahlsicherung für Lkw-Fahrer
Wenn Lkw-Fahrer eine Ruhepause machen, fahren sie Ihren Brummi rückwärts dicht an eine Mauer oder an einen Baum. Diebe haben dann keine Chance, die Ladetüren zu öffnen, und die Ladung zu stehlen.

Wildwechsel
Wildwechsel-Schilder müssen Sie immer beachten. Die Forstverwaltung stellt sie nur dort auf, wo es auch notwendig ist. Sehen Sie ein Tier auf der Fahrbahn, schalten Sie sofort das Fernlicht ab. Geblendete Tiere rühren sich nicht von der

Rund um's Auto

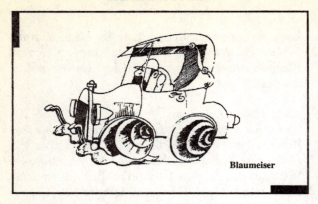

Blaumeiser

Stelle. Außerdem sind Rehe Rudeltiere. Das heißt, wenn Sie ein Reh sehen, müssen Sie immer mit nachfolgenden Tieren rechnen.

Zweifel beim Überholvorgang?
Beim geringsten Zweifel – reicht es oder reicht es nicht? – den Überholvorgang sofort und energisch abbrechen. Wer nur das Gas wegnimmt, aber dann doch auf der Überholspur weiterfährt, erhöht das Risiko!

Trotzdem gute Sicht
Beim Überholen auf noch nasser Fahrbahn Scheibenwischer schon vor dem Überholvorgang

einschalten. Sie werden dann erstens vom Spritzwasser nicht überrascht und müssen zweitens nicht während des Überholvorganges den Hebel für den Scheibenwischer suchen. Dasselbe gilt für den Überholten, der plötzlich einen Vordermann bekommt.

Mit Tieren in den Urlaub
Autofahrer, die Hund oder Katze mit in den Auslandsurlaub nehmen wollen, müssen rechtzeitig an die Papiere für ihren Liebling denken. Welche Papiere für die Einreise mit Tieren in europäische Länder nötig sind, erfahren Sie beim ADAC.

Kartenlesen
Das Wichtigste beim Kartenlesen ist zu wissen, daß alle Karten so angelegt sind, daß Norden immer oben ist. Fährt man nun von Norden nach Süden, liegt die Karte praktisch auf dem Kopf. Daraus erklärt sich, daß so viele Autofahrer Schwierigkeiten mit rechts und links haben!

Die einfachste Methode ist die, die Karte immer so zu drehen, daß »geradeaus« gleich »oben« ist.

Rund um's Auto

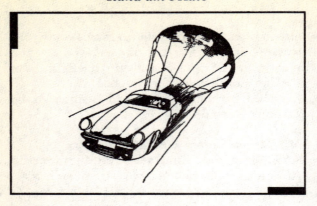

Wolldecke
Gehört in jedes Auto. Es ist unmenschlich, Verletzte auf dem kalten Asphalt liegen zu lassen.

Feste feiern

Feste feiern

Erkennungszeichen für die Einzugsparty
Da viele der Gäste ja noch gar nicht wissen, wo Sie wohnen, sollten Sie über der Haustür eine farbige Glühbirne anbringen. Ihre Gäste werden sich über diesen »Service« sicherlich sehr freuen.

Lustige Einladungen
Schneiden Sie aus einer Illustrierten oder einer Zeitung ein lustiges Bild eines Prominenten aus. Das kleben Sie auf ein Blatt Papier und schreiben den passenden Text (wann, wo, wie, warum) und kopieren das Ganze. Die Vorfreude Ihrer Gäste ist gleich viel größer.

Feste feiern

Die besondere Einladungskarte
Schreiben Sie Ihre Einladungen zur nächsten Party doch einmal auf einen Fächer. Diesen können Sie auch selber falten. Ein hübsches Bändchen drum und Sie können die Einladungen in einem langformatigen Umschlag verschikken.

Schöne Tischkarten
Drapieren Sie ein breites Gold- oder Silberband über jeden Teller, und schreiben Sie mit breitem Filzstift die Gästenamen darauf. Toll für Geburtstags- oder Jahresfeste.

Kleine Wohnung – großes Fest
Ist die Zahl Ihrer Gäste groß, Ihre Wohnung aber nur klein, dann feiern Sie doch in Etappen. Machen Sie eine Abendeinladung und eine Morgeneinladung gleich für den nächsten Tag daraus. Der abends übriggebliebene Schinken läßt sich für eine schnell gemachte Quiche, und übriges Obst für einen Obstsalat verwenden.

Heiße Fete
Bevor die ersten Gäste zu Ihrer Party eintreffen, stellen Sie die Heizung herunter. Wenn das Zim-

Feste feiern

mer voller Menschen ist, heizt es sich von alleine auf. Sie sparen so Heizkosten und wenn es zu warm im Raum ist, drückt es meist auch auf die Stimmung.

Bewegung auf der Party
Laden Sie mehr Personen ein, als Sie Sitzplätze zur Verfügung haben. Sie werden sehen, es ist immer etwas Bewegung da. Das Fest wird lebhafter.

Kein Grill zur Hand?
Nehmen Sie einen Mülltonnendeckel aus Blech und legen die Innenseite mit Alufolie aus. Den

Deckel stellen Sie auf vier Ziegelsteine, aber Vorsicht: nicht daß er rutschen kann, Verbrennungsgefahr! Füllen Sie Holzkohle rein und legen einen Rost drüber, und fertig ist der Grill!

Damit das Fleisch schmeckt
Damit das Grillfleisch nicht zäh wird, ist es wichtig, die Grilldauer zu berücksichtigen. Kleine Fleischstücke brauchen große Hitze, aber nur kurze Grilldauer. Große Stücke sollten Sie mit weniger Hitze aber mit längerer Garzeit zubereiten.

Zur richtigen Zeit salzen
Hähnchen dürfen Sie vor dem Grillen salzen. Koteletts, Steaks o.ä. dagegen erst nach dem Grillen.

Vorsicht Grill
Stellen Sie immer einen Eimer mit Wasser neben dem Grill bereit. Bei Gefahr können Sie etwas Wasser über die Flammen gießen.

Saubere Finger
Findet die Grillparty auswärts statt, dann packen Sie die benötigten Portionen Holzkohle in

Feste feiern

feste Papiertücher. Bei Bedarf können Sie es päckchenweise anzünden und Ihre Hände bleiben schön sauber.

Küchenrolle im Freien aufhängen
Das geht ganz einfach, wenn Sie einen Drahtkleiderbügel nehmen und die untere Stange mit einer Zange auseinanderzwicken. Dann ziehen Sie den Draht nach unten, stecken die Rolle mit den Papiertüchern darüber, biegen den Draht wieder nach oben – und fertig ist der Aufhänger.

Tropfenfänger für das Fett
Damit heruntertropfendes Fett nicht Feuer fan-

gen kann, legen Sie ein paar Salatblätter auf die Glut.

Grill-Steak
Wann ist das köstliche Steak fertig? Wenn nach dem Wenden auf der Oberseite der Fleischsaft aus dem Steak perlt.

Folie im Grillkorb
Legen Sie Ihren Grillkorb mit Alufolie aus. Die Folie reflektiert die Hitze besonders gut, außerdem ist Ihr Grillgerät dann leichter zu reinigen.

Die Badewanne als Kühlschrank
Oft reicht der Kühlschrank gar nicht aus, um alle Getränke für die Party kalt zu stellen. Nehmen Sie doch einfach Ihre Bade- oder Duschwanne. Legen Sie Eisstücke hinein und schon haben Sie einen Riesenkühlschrank.

Im Eis serviert
Füllen Sie eine große Schüssel mit zerkleinerten Eisstückchen, und stellen Sie Ihre Schüssel mit Obstsalat o. ä. hinein. Wenn Sie dem Eis noch etwas Salz zufügen, wird es noch kälter.

Feste feiern

Hübsche Eiswürfel

Machen Sie doch einmal originellere Eiswürfel. Geben Sie Kirschen in den Eiswürfelbehälter und gießen Sie Wein oder Wasser hinzu. Wenn Sie das Wasser vorher abkochen, bekommen Sie glasklare Würfel.

Natürlich, natürliche Gefäße

Große grüne Paprikaschoten eignen sich gut als Behälter für Dips (zum Beispiel fein abgeschmeckter Sahnequark) oder für Salate. Das obere Ende mit Stiel wird abgeschnitten, die Schote von Samen und Rippen befreit, und fertig ist sie zum Füllen. Halbierte, ausgehöhlte Melonen halten

Feste feiern

Obstsalate länger frisch als normale Schüsseln.

Stilvolle Hochzeit
Versuchen Sie doch mal rauszufinden, ob der Botanische Garten in Ihrer Nähe einen Raum für diese Festlichkeit zu vermieten hat. So etwas gibt es öfters, und die Blumenarrangements sind für Sie dann inklusive — wenn Sie in der richtigen Jahreszeit heiraten.

Blumentöpfe als Aschenbecher
Stellen Sie auf Ihrem Gartenfest ein paar mit Sand gefüllte Blumentöpfe auf, die als Aschenbecher benutzt werden können.

So müssen Sie nach dem Fest die Zigarettenstummel nicht vom Rasen aufsammeln.

Die Devise: »Tritt sich fest« wäre hier nicht richtig, da sich in den Filtern u. a. Schwermetalle wie z. B. Cadmium befinden, die durch Regen herausgewaschen werden, und somit in den Boden gelangen.

Kerzen auf dem Geburtstagskuchen
Soll die Zahl der Kerzen auf einem Geburtstagskuchen nicht sofort überblickbar sein (z.B. bei Ihrem eigenen Geburtstag), dann stecken Sie die

Feste feiern

Kerzen in Form eines Fragezeichens auf den Kuchen.

Spaghetti als Anzünder
Rohe Spaghetti eignen sich vorzüglich als Anzünder für Kerzen in hohen, schmalen Behältern (z. B. Windlicht).

Whisky – nicht steinalt, sondern steinkalt
Wenn Sie Eiswürfel in Whisky oder andere Getränke geben, werden diese schnell verwässert. Nehmen Sie doch einfach saubere Kieselsteine, die Sie ins Frosterfach gelegt haben.

Das sieht lustig aus, und Sie haben im wahrsten

Sinne des Wortes Whisky on the rocks.

Bloody Mary eisgekühlt
Für eine »Bloody-Mary« gießt man Wodka über gefrorene Tomatensaft-Eiswürfel und würzt mit frisch gemahlenem Pfeffer.

Eierliköreis
Füllen Sie den Eiswürfelbehälter mit Eierlikör. Wenn der Likör fast gefroren ist, stecken Sie Zahnstocher hinein. So erhalten Sie leckeres Eis-am-Stiel für Erwachsene.

Punsch und Glühwein
Wein für Punsch oder Glühwein darf niemals kochen. Sobald sich weißer Schaum auf der Oberfläche bildet, das Getränk in große, feuerfeste Gläser gießen.

Um zu vermeiden, daß das Glas springt, stellen Sie vor dem Einschenken einen silbernen Löffel in das Glas.

Im Wein liegt die Wahrheit
Trockene Weine sind immer vorzuziehen, denn die süß schmeckenden Chemikalien sind hier nicht zu befürchten.

Feste feiern

Wein richtig temperiert
Edle Weißweine schmecken am besten, wenn sie Kellertemperatur haben. Zu kalt serviert, kann sich die feine Blume nicht entfalten.

Rote Weine schmecken am besten, wenn sie Raumtemperatur haben. Aber nicht neben die Heizung stellen!

Wenn ein Korkenzieher fehlt
Lassen Sie heißes Wasser über den Flaschenhals laufen. Die erwärmte Luft unter dem Korken drückt diesen heraus.

Feste feiern

Christbäume haltbar gemacht
Den Stamm schräg abschneiden und zwei Tage vor dem Fest in eine Mischung aus 2 Teilen Glyzerin und 1 Teil Wasser stellen. Der Baum wird dann nicht so schnell abnadeln.

Oh Tannenbaum...
Der Weihnachtsbaum bleibt länger frisch, wenn man ein Loch unten in den Stamm bohrt (so weit wie möglich) und nasse Schwammstückchen hineinstopft. Der Schwamm saugt das Wasser auf und dem Baum wird so mehr Feuchtigkeit zugeführt.

Keine Angst vor dem Silvesterkater
Ein Rezept von Franz Josef Strauß: Eine kleine Dosis Rizinusöl vor der Feier und zwischendurch jede Stunde eine Scheibe Speck.

Allerlei tolle Tips und Tricks

Allerlei tolle Tips und Tricks

Hilfe, meine Kontaktlinse
Ist die Kontaktlinse im Zimmer heruntergefallen, so verdunkeln Sie den Raum und leuchten mit einer Taschenlampe über den Boden. Die Linse wird im Lichtstrahl funkeln.

Wenn Sie die Linse im Teppich verloren haben, binden Sie einen Strumpf vor das Saugrohr des Staubsaugers und Sie werden Ihre Linse wieder einfangen.

Ist eine Schraube locker?
Bei Brillengestellen lösen sich manchmal immer wieder die Schräubchen. Ein Tropfen farbloser Nagellack läßt sie für immer festsitzen.

Allerlei tolle Tips und Tricks

Außenbeleuchtung
Mit einem Tupfer roten Nagellacks kennzeichnen Sie die Schalterposition für »an« und wissen nun auch bei Tageslicht, ob die Lampen noch brennen oder nicht.

Familien-Demokratie
Jeden Sonntag wird bei uns notiert, was jeder in der kommenden Woche essen möchte. So bekommt jeder mal sein Lieblingsessen. Damit fällt das leidige »Das mag ich nicht« weg.

Kein Streit wegen des Fernsehpogramms
Damit es keinen Streit mehr über Fernsehangebote und -zeit gibt, Anfang der Woche die Fernsehzeitschrift mit allen Familienangehörigen durchlesen und die Sendungen auswählen. So wissen auch die Eltern, was ihre Kinder gern sehen würden, auch wenn es noch nicht für sie geeignet ist.

Hilfe, der Fernseher fängt Feuer
Wenn das Gerät qualmt oder schon in Flammen steht, nicht mit Wasser löschen, weil dadurch die Bildröhre explodieren könnte. Ziehen Sie sofort den Stecker heraus und werfen Sie eine Decke

Allerlei tolle Tips und Tricks

über das Gerät, um die Flammen zu ersticken. Dann sofort die Feuerwehr rufen.

- ***Der richtige Abstand zum Fernsehgerät***
- Halten Sie genügend Abstand zu Ihrem Fernsehgerät. Das gilt vor allem für Kinder und Schwangere. 1,80 m – unabhängig von der Bildschirmgröße – sollten nicht unterschritten werden.

Batterie-Korrosion
Ein Stück Aluminiumfolie verhindert die Korrosion von Taschenlampenbatterien. Legen Sie sie zwischen die Spirale und den Batterieboden.

Gelb wirkt aktiv

Ein gelb gestrichenes Arbeitszimmer wird Sie aktiv und bei guter Laune halten. Aber achten Sie darauf, daß durch Mischungen keine unsaubere Tönung entsteht. Schmutziges Gelb, Schwefelgelb ist widerlich.

Gold übt einen guten Einfluß aus

Gold übt nahezu immer einen guten Einfluß aus. Einige Tupfer Gold in der Wohnung, als Bilderrahmen oder Kerzenständer, sind deshalb sehr wichtig.

Grün ist eine Wohltat für die Augen

Wenn Sie Ihre Augen entlasten wollen, ist Grün die ideale Farbe. Grün ist eine Wohltat für die Augen und eignet sich vor allem für Boden- und Tischbeläge. Das natürlichste Grün bringen Pflanzen in die Wohnung.

Türkis oder Rosa ?

Türkis hat einen ausgesprochen erfrischenden Charakter. Es ist nicht umsonst die Farbe der Swimmingpoolanstriche und anregender Dusch-

Allerlei tolle Tips und Tricks

bäder. Türkis soll die Fliegen vertreiben, während *Rosa* sie anzieht. Eine rosa Küche ist also nicht unbedingt ein guter Einfall.

Ein blaues oder rotes Zimmer?
Ein *blaues* Zimmer wirkt kühler als ein *rotes*. Intensives Rot macht ein Zimmer kleiner, helles Blau erweitert es.

Zuviel Rot ist jedoch nicht ratsam, es macht unruhig und gereizt. Hellere Tönungen von Rot, zum Beispiel *Rosa,* stimmen freundlich und warm.

Allerlei tolle Tips und Tricks

Glatte Radiergummis auffrischen
Wenn Radiergummis zu glatt oder schmierig geworden sind, schmirgeln Sie sie mit Sandpapier ab, und sie radieren wieder wie neu.

Zahnpasta für die Tasten
Klaviertasten lassen sich gut mit Zahnpasta reinigen. Die Paste — nicht zu viel, damit die Tastenzwischenräume nicht verstopft werden — auf ein gut feuchtes Tuch geben. Die Tasten damit gut einreiben. Danach trockenwischen und mit einem weichen Tuch polieren.

Saubere Fotos
Fingerabdrücke sind auf Fotos nicht besonders schön. Man kann die Bilder sehr gut mit einem in Spiritus getauchten Wattebausch reinigen. Hilft garantiert!

Zwiebelsaft für Goldschmuck
Ist Ihr Goldschmuck matt geworden, so glänzt er wieder sehr schön, wenn man ihn mit einer Zwiebel einreibt. Lassen Sie den Zwiebelsaft mehrere Stunden einwirken. Dann mit einem weichen Tuch schön blankpolieren.

Zahnprothesenreiniger ist auch gut für Gold-

Allerlei tolle Tips und Tricks

schmuck. Über Nacht einwirken lassen. Anderntags nachspülen und trockenreiben. Fertig.

Goldschmuck erstrahlt nach einem Salmiakbad in neuem Glanz – ein paar Tropfen auf einen Liter warmes Wasser genügen schon.

Kunststoffkordeln fasern nicht
Kunststoffschnüre oder -seile drehen sich nicht auf, wenn die Schnittenden über einer kleinen Flamme verschmolzen werden. Auch Knoten kann man so vor dem Öffnen schützen.

Wenn die Kerze flackert
Wenn die Kerzen einige Stunden im Gefrierfach

Allerlei tolle Tips und Tricks

lagen, brennen sie schön gleichmäßig und flackern nicht so. Auch brennen sie langsamer und tropfen viel weniger.

Tropfende Kerzen
Tauchen Sie die Kerzen vor Gebrauch in kaltes Salzwasser. Sie brennen schön gleichmäßig ab und tropfen nicht.

Trockener Tabak
Wenn der Tabak, die Zigarren oder Zigaretten trocken geworden sind, legen Sie einige Scheiben rohe Kartoffeln oder Apfelstückchen in die Dose.

Wenn Sie parfümierten Tabak lieben, können Sie auch einen kleinen Schuß Rum zufügen.

Preiswerter Rauchverzehrer
Ein feuchtes Handtuch auf den Heizkörper gelegt, eignet sich gut als Rauchverzehrer. Der Rauch wird sehr schnell verschwinden.

Kerzen verzehren übrigens auch den Rauch!

Gewachste Schneeschaufel
Haben Sie sich auch schon oft geärgert, daß der nasse Schnee an der Schaufel haften bleibt? Wachsen Sie die Schaufel ein.

Allerlei tolle Tips und Tricks

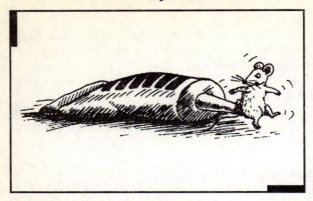

Auch eine Wärmflasche
Eine große leere Plastikflasche von Geschirrspülmittel (auch Weichspüler etc.) wird mit heißem Wasser gefüllt und fest zugeschraubt. Mit einem Handtuch umwickelt, gibt sie so eine brauchbare Wärmflasche ab. Vorher aber testen, ob sie kein Leck hat.

Verschluß für den Kleber
Ist der Verschluß von der Klebeflasche verloren gegangen, können Sie ihn durch die Kappe eines alten Kugelschreibers ersetzen. Auch eine Pinnwandnadel ist ein guter Ersatzverschluß, damit der Kleber nicht austrocknet.

Allerlei tolle Tips und Tricks

Giftmüll nicht in den Mülleimer
Werfen Sie Giftmüll niemals in den Mülleimer, und schütten Sie flüssige Chemikalien nicht in den Ausguß. Entrümpeln Sie hin und wieder Ihr Chemikaliendepot, sammeln Sie gebrauchte Batterien und geben alles in den Sondermüll.

SOS pfeifen
Manchmal ist es gut, eine Trillerpfeife dabeizuhaben. Falls Sie sich im Wald verlaufen oder in Gefahr befinden, pfeifen Sie dreimal hintereinander und wiederholen das alle paar Minuten. Jedes dreifache, in Abständen wiederholte Signal gilt allgemein als Notruf.

Fliegen- und Mückenfalle
Sinnvoll sind immer noch die altbewährten Leimstreifen, auf denen Fliegen und anderes lästiges Ungeziefer hängen bleiben.

Genauso effektvoll ist die gute alte Fliegenklatsche.

Die Uhr als Gedächtnisstütze
Wenn Sie etwas nicht vergessen dürfen, tragen Sie Ihre Armbanduhr einfach auf dem rechten

Allerlei tolle Tips und Tricks

Handgelenk. Das wird sich merkwürdig anfühlen und Sie ständig an Ihr Vorhaben erinnern.

Vorsicht Preisfalle!
Die gängigsten Artikel befinden sich im Supermarkt meist in Augenhöhe. Fallen Sie nicht darauf herein. Die billigen Waren sind meist ganz unten oder ganz oben gelagert.

Rutschfeste Schultertasche
Rutscht die Schultertasche ständig, kleben Sie einfach einen schmalen Streifen selbstklebendes Schaumgummiband unter den Tragriemen.

Allerlei tolle Tips und Tricks

Der richtige Preis auf dem Flohmarkt
Wenn Sie alte Dinge verkaufen wollen, kleben Sie keine Preisschilder auf die Gegenstände. Lassen Sie sich von den Interessenten Angebote machen. Es wird oft mehr geboten, als man erwartet. Das ganze funktioniert natürlich auch umgekehrt, wenn Sie etwas kaufen wollen.

Ganz persönliche Glückwunschkarte
Ein Familienfoto, bei dem ein Mitglied ein Schild hält, auf dem der Glückwunsch zu lesen ist (z.B. Herzlichen Glückwunsch, liebe Lisa) kommt immer besonders gut an.

Gut gepackt ist halb umgezogen
Die Sachen, die Sie zuerst brauchen, wie z.B. Glühbirnen, Seife, Geschirr und Besteck kommen zuletzt in den Möbelwagen.

Matratzen kann man am besten vor Schmutz schützen, wenn man sie mit Stretch-Bettlaken bezieht.

Zum Ausstopfen der Kisten verwenden Sie Zeitungspapier, das Sie vorher in Plastikbeutel gegeben haben. Bei empfindlichen Gegenständen haben Sie dann kein Problem mit der Druckerschwärze.

Allerlei tolle Tips und Tricks

Zerbrechliche Dinge, wie Vasen oder Gläser lassen sich auch gut in Flaschenkartons transportieren.

Gedächtnisstütze zum Einräumen
Fotografieren Sie die Dekoration Ihrer kompliziert arrangierten Sammlungen wie Porzellan oder Gläser. Wenn Sie die Kostbarkeiten im neuen Haus auspacken, haben Sie eine praktische Anleitung zum Einräumen parat.

Organisierter Umzug
Versuchen Sie es mit einer Numerierung. Nehmen Sie für jedes Zimmer eine andere Nummer

Allerlei tolle Tips und Tricks

und markieren Sie damit die Umzugskartons. Im neuen Haus kleben Sie entsprechende Nummernzettel an die Türen der Zimmer, und die Transportleute wissen, wohin die Kartons kommen.

Wertvolle Erinnerungen
Bevor Sie umziehen, fotografieren Sie das alte Haus und die Umgebung, die Schule, die Nachbarn usw. Die Bilder haben später einen schönen Erinnerungswert.

Bücherkartons
Kartons mit Büchern nur halbvoll packen und etwas Leichtes drauflegen, sonst werden die Kartons viel zu schwer und reißen leicht.

Post von Freunden
Geben Sie allen Freunden und Bekannten frankierte Postkarten mit Ihrer neuen Adresse als Empfänger. So bekommen Sie schon sehr bald Post.

Wenn Sie an einen ganz anderen Ort ziehen, ist es gut, die Lokalzeitung schon einen Monat vorher zu abonnieren. Sie sind dann schon bestens über Ihre neue Gegend informiert und fühlen sich nicht so fremd.

Allerlei tolle Tips und Tricks

Schenken Sie diplomatisch
Verlangen Sie bei Geschenken immer zwei Quittungen: eine (für sich) mit dem Preis und eine mit der genauen Beschreibung des Gegenstands (ohne Preis).

Legen Sie die Quittung ohne Preis dem Geschenk bei, dann kann es gegebenenfalls leicht umgetauscht werden.

Selbstgemachtes Geschenkpapier
Packpapierbogen lassen sich schön bemalen und individuell in Geschenkpapier verwandeln. Lassen Sie Ihrer Phantasie — oder der Ihrer Kinder — freien Lauf.

Allerlei tolle Tips und Tricks

Geschenke für Naschkatzen
Selbstgemachte Naschereien kommen als Geschenke immer wieder besonders gut an. Sei es jetzt Marmelade, eingelegte Gurken oder Gebäck. Füllen Sie es in ein hübsches Gefäß und binden Sie ein lustiges Geschirrtuch drum herum.

Geschenke gut beschirmt
Öffnen Sie einen Herrenschirm, und verzieren Sie ihn mit Bändern und Schleifen. Füllen Sie Ihn dann mit kleinen Geschenken. Das sieht sehr dekorativ aus.

Postkartengrüße
Schreiben Sie die Adressen von Freunden und Bekannten, denen Sie Postkarten schicken wollen, schon zu Hause auf Selbstklebeetiketten. Sie vergessen dann niemand und außerdem müssen Sie nicht Ihr Adreßbuch mitschleppen.

Briefmarken aufkleben
Lecken Sie statt der Briefmarke das Kuvert an jener Stelle, wo die Briefmarke kleben soll. So müssen Sie nicht den Leim schmecken, und die Marke hält außerdem noch besser.

Allerlei tolle Tips und Tricks

Falls der Koffer verlorengeht
Packen Sie eine Garnitur Wäsche mit in den Koffer Ihres Partners, und er gibt einen Tagesbedarf an Kleidung mit in den Ihren. Wenn dann ein Koffer auf der Flugreise verlorengehen sollte oder zu spät ankommt, haben Sie beide für die Überbrückungszeit etwas anzuziehen.

Das richtige Gepäck
Wickeln Sie ein farbiges Klebeband um den Griff, damit Sie am Flughafen auf dem Fließband ihre Gepäckstücke sofort wieder erkennen.

Allerlei tolle Tips und Tricks

Hilfe! – mein Mann kommt schon nach Hause

Ihr Mann muß jede Minute nach Hause kommen, und sie haben noch nicht angefangen zu kochen? Braten Sie eine Zwiebel in etwas Öl an. Es wird nach »Essen« riechen, und er wird die Verspätung gar nicht bemerken.

Zu spät aufgestanden

Wenn Sie Ihren Mann nach Hause kommen hören und immer noch im Bett liegen, tupfen Sie sich etwas flüssiges Reinigungsmittel hinter die Ohren. Er wird glauben, Sie hätten den ganzen Tag saubergemacht und wird Sie zum Essen ausführen.

Das Ehe-Tagebuch

Führen Sie in Ihrem ersten Ehejahr ein Tagebuch. Wenn Sie Kinder haben, werden Sie nach 10 Jahren bestimmt schwören, Sie hätten in Ihrer Ehe keine 10 Minuten Zeit für sich gehabt.

Leidenschaftliche Hobbys

Bei aller Leidenschaft für ein Hobby: Sie sollten es auf keinen Fall wichtiger nehmen als Ihre Ehe!

Allerlei tolle Tips und Tricks

Die Gäste werden hungrig
Bei Essenseinladungen werden die Gäste das Essen besonders genießen, wenn man sie warten läßt, bis sie wirklich hungrig sind.

Rezept gegen Telefonitis
Falls Sie einen Bekannten haben, der am Telefon wie ein Wasserfall redet und durch nichts zu bremsen ist, nehmen Sie Hintergrundgeräusche auf Tonband auf. Die Hausglocke oder Kindergeschrei sind für den Anfang zum Beispiel sehr wirkungsvoll.

Allerlei tolle Tips und Tricks

Der Brillen-Trick
Ist die Wohnung wieder einmal so unordentlich, daß man vor lauter Arbeit nicht weiß, wo man anfangen soll? Setzen Sie einfach die Brille ab, und alles wirkt nur halb so schlimm.

Leintuch-Trick
Wenn Sie gerade keine Zeit zum Waschen haben, können Sie Leintücher auch einmal umdrehen, damit sie sauberer aussehen.

Nicht mehr petzen
Um Kindern das Jammern oder Petzen abzugewöhnen, gibt man ihnen eine beschränkte Anzahl von Beschwerde-Karten. Vor jeder Beschwerde sollen sie Ihnen dann eine Karte abgeben. Die Kinder werden sich das Petzen in Zukunft sicher zweimal überlegen.

Restaurant-Spielen
Möchten Sie, daß die Kinder anfangen, im Haushalt mitzuhelfen? Spielen Sie »Restaurant«: Die Kinder sind die Kellner und Sie und Ihr Mann die Gäste.

Allerlei tolle Tips und Tricks

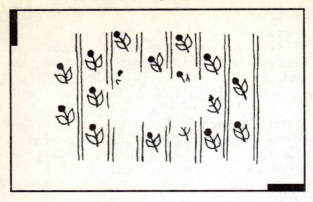

Taschengeld für Kinder
Damit Kinder lernen, ihre Sachen selbst aufzuräumen, verlangt man 50 Pfennig für jeden Gegenstand, den man von ihnen findet.

Nichts vergessen
Neigen Sie dazu, Einkaufszettel ständig zu verlieren oder zu vergessen? Stecken Sie den Zettel gleich nach dem Aufschreiben in einen Kofferanhänger mit Sichtfenster, und hängen Sie ihn an Ihren Autoschlüsselbund. So werden Sie ihn bestimmt nicht vergessen können.

Allerlei tolle Tips und Tricks

Augapfel Handgepäck
Lassen Sie Ihre Plastiktüte nicht auf dem Boden liegen, wenn Sie bei einer Zwischenlandung das Flugzeug verlassen. Die Putzkolonne räumt unerbittlich alles weg, was sie als »Abfall« ansieht.

Weniger Ruß im offenen Kamin
Wenn Sie gelegentlich etwas Salz auf das Feuerholz streuen, verringert sich der Rußanfall um etwa zwei Drittel. Das heißt, die Feuerstelle muß weniger häufig gereinigt werden.

Zur Reinigung der Ziegelumrandung nehmen Sie am besten Essigwasser und schrubben mit einer Handbürste die Einfassung ab. Mit einem trockenen Lappen oder Schwamm nachreiben.

Ölgemälde
Ölgemälde kann man mit einer halbierten Kartoffel auffrischen, indem man die Bildfläche sorgfältig mit der Schnittfläche abreibt und diese wegschneidet, bis die Kartoffelfläche sauber bleibt. Mit feuchtem Lappen leicht nachwischen und trocknen lassen.

Die Tinte bleibt flüssig
Wenn die Tinte dickflüssig geworden ist, nie mit

Allerlei tolle Tips und Tricks

Wasser verdünnen, sondern mit Essig.

Ein Schaumstoffkissen beziehen
Das Kissen klebt meistens an dem Stoff und läßt sich schlecht beziehen, stimmt's? Das wird es nicht mehr tun, wenn Sie eine passende Plastiktüte am Boden aufschneiden und über das Kissen ziehen. Jetzt rutscht der Kissenbezug leicht darüber, und die Hilfstüte kann wieder herausgezogen werden.

Markisen wieder wie neu
Alte Markisen sehen wieder wie neu aus, wenn man sie mit Firnis streicht (erhältlich in Geschäf-

ten für Künstlerbedarf). Vogeldreck entfernt man vorher mit einer harten Bürste, die man in Kernseife gesteckt und mit Waschpulver bestreut hat. Mit dem Gartenschlauch zuletzt alles gut abspritzen.

Brillanten
Einige Flocken milder Seife und einige Tropfen Salmiakgeist in einen Topf kochenden Wassers geben. Brillanten in ein Drahtsieb legen und für einige Sekunden ins kochende Wasser tauchen. Abkühlen lassen, spülen. Anschließend für 10 Minuten in eine kleine Schüssel mit Alkohol legen und mit einem Papier- oder Leinentuch trocknen.

Schlüssel sind verrostet
Rostige Schlüssel reinigt man in einem Gefäß mit Paraffin- oder Terpentinöl.

Stockflecken in Büchern
Es ist nicht einfach, Stockflecken auf Papier oder in Büchern herauszubringen. Aber versuchen Sie folgenden Tip: Streuen Sie etwas Stärkemehl auf die Flecken. Einige Tage einziehen lassen und dann vorsichtig wegwischen.

Allerlei tolle Tips und Tricks

Saubere Brillengläser
Sollten Sie kein Brillenreinigungstuch zur Hand haben, verwenden Sie einige Tropfen Essig oder Wodka. Die Gläser werden streifenlos sauber.
  Oder verwenden Sie ein Spülmittel.

- ***Energie-Spar-Lächeln***
- Für ein freundliches Gesicht, das den lieben
- Mitmenschen ein nettes Lächeln schenkt, müs-
- sen Sie lediglich 17 Muskeln anspannen.
- Schauen Sie aber böse mit einem unwilligen
- Stirnrunzeln in die Landschaft, dann ist dazu
- die schwere Arbeit von 43 Muskeln notwendig.
- Lassen Sie also die 26 Runzelmuskeln ge-

Allerlei tolle Tips und Tricks

- mütlich ausspannen. Die sollen nur arbeiten,
- wenn es mal wirklich nicht zu umgehen ist.

Nützliche Dinge für das Hotelzimmer
Adapter für die Steckdose nicht vergessen. Manchmal ist auch ein Verlängerungskabel nützlich. Man weiß nie, wo sich der Stecker befindet.

Ein paar Wäscheklammern, um Hosen und Röcke an gewöhnliche Kleiderbügel anklammern zu können.

Eine Taschenlampe für alle Fälle. Kleben Sie den Schalter mit einem Klebeband fest, bevor Sie die Taschenlampe einpacken. So wird sie im Koffer nicht aus Versehen eingeschaltet.

Ein Reisebügeleisen mitnehmen.

Eine helle Glühbirne, falls Sie mehr Licht zum Lesen oder für das Make-up brauchen.

Duftender Koffer
Legen Sie ein Stück gut riechende Seife oder einen Duftbeutel in den Koffer, bevor Sie ihn wieder wegräumen. So wird er auch bei der nächsten Urlaubsreise angenehm riechen.

Natürliche Farben für die Ostereier
Vermischen Sie etwas Essig mit dem Saft der

Allerlei tolle Tips und Tricks

Roten Bete. Die Ostereier bekommen eine schöne rote Farbe. Für beige Töne nehmen Sie Zwiebelhäute oder Tee. Grün werden die Eier durch Spinat oder Gras und blau, indem Sie drei bis vier kleingeschnittene Blaukrautblätter einweichen. Mit Preißelbeersaft werden sie rosa und braun werden sie durch starken Tee.

Weihnachtskarten-Ausstellung
Lochen Sie jede Weihnachtskarte, ziehen Sie ein Schmuckband hindurch, und machen Sie hinter jeder Karte einen Knoten.

Hängen Sie das so geschmückte Band ans Fenster oder wie eine Girlande an die Wand.

Sachregister

Sachregister

Abendkleid-Schutz 157
Abkühlung für die Haut 251
Ablagerungen in Kaffeekannen 105
Abnehmen ohne Salz 267
Abschleppseil 323
Abwaschen ohne Chemie 113
Abzeichen annähen 145
Alkoholflecken 151
Ameisen im Garten 202
Ananas, frische 37
— schälen 38
Äpfel neben Topfpflanzen 166
Apfelkompott 40
Aquarium, sauberes 292
Arbeitskleidung 157
Armaturen reinigen 119
Aschenbecher-Ersatz 349
Äste, gebrochene 212
Ätherische Öle bringen Wohlbefinden 271 ff.
Auberginen schälen 55
Aufkleber, alte entfernen 108
Augen, schöne 259
Augenbrauen, gezupfte 261
Ausguß, verstopfter
Außenbeleuchtung 357
Austern, frische 74
Auto 321 ff.
Auto-Identifzierung 337

Auto-Marder 323
Autoleder, weiches 327
Automatische Antennen 322
Autoscheiben, eisfreie 329
Avocados 50

Babyflasche, keimfrei 233
Babyschuhe, erste 219
Backblech, abkühlen 101
Backblech-Ersatz 101
Backen 88 ff.
Backformen, bestäuben 97
Backofen 88
Backpflaumen, aromatische 92
Backpulver-Ersatz 89
Badewanne als Kühlschrank 347
—, Kratzspuren 122
—, saubere 121
Badewasser einlassen 235
Badezimmer, angenehmer Duft 121
Baisers 91
Balkonkasten, doppelbödig 167
Balkonpflanzen, frische Erde 175
Bananen 39
Basilikumöl 271
Batterie-Korrosion 358
Baumpfähle 193

Sachregister

Beeren, eingefrorene 42
— kaufen 37
Beine, müde 251
Beize für das Fleisch 80
Benzin verdunstet 332
Bergamotteöl 271
Beruhigende Essenzen 279
Besenpflege 115
Besen-Trick 114
Bettlaken, strammgezogen 159
Bier als Haarfestiger 265
— gegen Schnecken 198
Bilder gerade hängen 309
Birnen 36
Blähungen 245
Bläschen an den Lippen 248
Blasen an den Füßen 253
Blasenleiden 248
Blattputz 169
Blaubeeren 39
Blauer Engel 315
Blaues Zimmer 360
Blaukraut 53
Bloody Mary 351
Blumenampeln 169
Blumenflecken 147
Blumenkohl, ohne Schnecken 53
—, weißer 53
Blumentöpfe, gut gelüftet 171

Blumenzwiebeln, vortreiben 178
Blütenstrauß hält länger 167
Bluterguß 250
Blutflecken 149
Bluthochdruck, Senkung 247
Boden, rosenmüde 183
Bodendecke für Obstgehölze 208
Bohnen, grüne sind giftig 205
—, weiße 50
Bohnenkerne säen 205
Bohnerwachs 117
Bohnerwachs gegen Kondenswasser 123
Bohrer, Halt für den 296
Brandloch im Teppich 304
Bratäpfel 13
Braten schneiden 84
Bratwürste braten 83
— platzen nicht 85
Brauseköpfe, verstopfte 118
Brennesseln, als Salat und Gemüse 199
Briefmarken aufkleben 371
Brillanten reinigen 379
Brillen-Trick 375
Brillengestell 356
Brillengläser, saubere 380

385

Sachregister

Brot, ausgetrocknetes 27
—, frisches 27
Brühwürfel 33
Brutkästen für Vögel 291
Bücher, verstaubte 135
Bücherkartons 369
Bücherstützen 308
Bügeln 159
Butter einfrieren 23
—, geschmeidige 28

Christbäume, haltbar gemacht 353
Chromteile säubern 121
Chrysanthemen 175
Clematis, Pflanzort 189
Cola bei Durchfall 233
Cordsamt stärken 163

Dachpappe für Gartenwege 193
Dahlien überwintern 188
Dampfbügeleisen 160
Darmträgheit 244
Dauerwellen 263
Decke abwaschen 313
Diät halten 14
Diebstahlsicherung für LKW 337
Dielen, knarrende 302
Do it yourself 293 ff.
Doppeldecker-Torte 99
Druckerschwärze 148

Druckknöpfe annähen 139
Dünnbrettbohrer 298
Durchblutung, bessere 246
Durchfall 248
Duschvorhänge gleiten besser 122

Ehe-Tagebuch 373
Ei, gekocht? 64
Eidotter, übrige 68
Eier 60 ff.
Eier, angestoßene 66
— anpicken 65
—, frische 65
—, gefüllte 65
—, verlorene 65
Eier-Mogelei 93
Eierlikörreis 351 86
Eiertest, frische 69
Eigelb in der Mitte 65
—, hartgekochtes 67
— nicht erschrecken 69
Eigelbflecken 147
Eingefrorenes Schloß 328
Einladungen, lustige 342
Einzugsparty 342
Eischnee 67
Eiswürfel, hübsche 348
— mit Inhalt 224
Elektrische Haushaltsgeräte reinigen 109
Energie-Spar-Lächeln, 380
Ente braten 79

Sachregister

—, magere 78
Entwässerung 247
Erbsen 54
Erbsensuppe 31
Erdbeeren, bewässern 209
— ernten 209
—, keine matschigen 38
Erdflöhe 170
Erfrischung für die Augen 259
Erfrischung für Kopf und Arme 251
Erkennungszeichen für das Gepäck 372
Essenzen zur Entgiftung der Luft 279
Essenzen gegen Niedergeschlagenheit 280
Essig als Weichspüler 155
— für die Hände 268
— mit Estragon 14
— gegen Schimmel 106
Eßkastanien schälen 55
Etiketten ablösen 110
Eukalyptusöl 271

Fahrtechnik im Winter 327
Familien-Demokratie 357
Farbe im Tapetenkleister 318
— muß stimmen 311
Farbentferner für das Gesicht 317

Farbmuster im Schnee 228
Farbspritzer auf Scheiben 315, 316
Farbtöpfe, saubere 313
Farne 172
Feldsalat 44
Fenster, blitzblank 116
—, klappernde 302
— putzen 115
Fenstergitter 174
Fernseher brennt 357
Fernsehgerät, richtiger Abstand 358
Fernsehprogramm für alle 357
Feste feiern 341 ff.
Fete, heiße 343
Fett, heißes verschüttet 11
— nicht in den Ausguß 10
— spritzt nicht 10
— richtige Temperatur 10
Fettflecken 150
Fettflecken in Wolle 151
Feuchtigkeit einfangen 294
— für die Haut 255
— für Pflanzen 172
Fichtenöl 279
Fingernägel, feste 270
—, glanzlose 267
Fisch 70 ff.
— auftauen 72
— aus der Tiefkühltruhe 71
— ausnehmen 73

387

Sachregister

—, frischer 73
—, Garzeit 72
—, gebraten 71
—, gegrillt 71
—, gekocht 71
— in Alufolie 70
— zubereiten 71
Fischheber 73
Flecken 147 ff
— an der Wand 127, 129
— im Teppich 129
— im Topf 111
— überlisten 223
Fleckenwasser 150
Fleisch 77 ff.
— durchbraten 87
— trocknet nicht aus 81
— warmhalten 87
—, zartes 93
Fleischbrühe 31
Fliegen vertreiben 132
Fliegenfalle 365
Fliesen, lose 303
Flohmarkt 367
Flohschutz 283
Flüssigholz 299
Forelle blau 75
Formen ausfetten 98
Fotos, saubere 361, 88
Freßnapf, rutscht 284
Frikadellen mit Quark 64
— mit Senf 81
Fritierte Köstlichkeiten 93

Frostpelz 20
Frostschutzmittel 328
Fusseln an Manschetten und Kragen 164
Fußmatten, rutschfeste 323
Füttern mit dem Löffel 223
Futterplatz für Vögel 289

Gänse, magere 78
Gänseblümchen im Rasen 185
Gänsebraten 79
Garagenboden reinigen 335
Garagentips 326
Garten 165 ff.
Gartengeräte, blitzblank 178
Gartenschirme reinigen 120
Gartenteich im Winter 189
Gedächtnisstütze 365, 368
Gefäße, natürliche 348
Geflügel 77 ff.
— mit zarter Kruste 79
Geflügelsuppe 33
Gefriertruhe 20
Geklebte Gegenstände 300
Gelbes Zimmer 359
Geld, originell verpackt 225
Gemüse 36 ff.
Gemüse anhäufeln 205
— auftauen 49
—, die sich nicht ver-

Sachregister

tragen 201
— ernten 208
—, frisches aufbewahren 51
— lagern 212
— in der Mikrowelle 58
—, junges 207
— überbacken 57
Gemüse-Bett für den Fisch 70
Gemüsefach 49
Geranienöl 272
Geruchsfresser 75
Geschenkideen für Kinder 224
Geschenkpapier 370
Gesichtswarzen 255
Gesundheit 241 ff.
Getränkebar für Vögel 291
Getränkedosen öffnen 27
Gewürz für Kartoffelsalat 48
Giftmüll 365
Gips 299
Gitterbett 219
Gladiolen, überwintern 188
Glanz für jede Haarfarbe 262
Glanzflecken 153
Gläser abtrocknen 109
— einfüllen 26
— öffnen 26
—, rutschige 231
Glasschneiden 295

Glastischplatten 127
Glasur für Plätzchen 99
Glückwunschkarte 367
Glühwein 351
Gold als Farbe 359
Goldhamster 291
Goldschmuck reinigen 361
Grapefruit 39
Grasflecken 148
Gräten, verschluckte 243
Grill-Ersatz 344
Grill-Steak 81
Grillfleisch 345
—, mariniertes 81
—, Würze 85
Grillkorb 347
Grüne Farbe 359
Grünkohl-Einkauf 54
Gulasch, saftiges 81
Gummibänder für das Lätzchen 221
Gummibärchen im Pudding 229
Gummidichtung, geschmeidig 21
Gummihandschuhe 115
Gurgelwasser 243
Gurken, keine bitteren 203
Gurkenranken 203
Gurkenscheiben auf die Augen 261
Gurkentopf 47
Gußeisenpfannen reini-

389

Sachregister

gen 104
Gußeiserne Töpfe wieder wie neu 111

Haar, blondes, aufhellen 262
—, fettiges 264
Haarfestiger, selbstgemachter 265
Haarpflege, preiswerte 265
Haarschuppen 266
Hackbraten 79, 80
Haferflocken zum Bestreuen 97
Hähnchen, knusprige 77
— mit Zimt 77
Hähncheneinkauf 77
Halsentzündung 243
Hände, feuchte 252
—, heile 252
—, saubere 176, 267
Handgepäck 377
Handschuhe für das Baby 219
Handschuhfach 325
Härtegrad des Wassers 154
Hartkäse 61
Hartkäse frischhalten 61
Hauptgewinn: der Sitzplatz 225
Hausschlüsselwäsche 307
Haut, trockene 253
—, unreine 254
Hecken schneiden 186

Hefeteig vor Zugluft schützen 100
Heidelbeeren 39
Heilpflanzen gegen Schädlinge 197
Heizkörper, dunkle 317
— reinigen 119
Heizkörperanstrich 317
Herbstlaub als Kompost 191
Herbstschnitt 193
Hochzeit, stilvolle 349
Holz, abgeschnittenes 191
— aufpolieren 125
—, rauhes 299
Holzkohle in die Vase 172
Honig, kristallisiert 89
Honigflecken 149
Honigmelonen, reife 40
Hornkämme 263
Hotelzimmer, nützliche Dinge 381
Hund, stubenrein 282, 283
Hunde 282
Husten 243

Igel 179
Imprägnieren 158
Insektenstiche 251

Jalousetten reinigen 115
Jasminöl 273
Jeans flicken 141, 143
Joghurtbecher 12

Sachregister

Joghurtflecken 149
Johannisbeersträucher verjüngen 213
Junggurken 202

Kachelfugen, saubere 121
Kacheln, strahlende 121
Kaffee, frischer 27
Kaffeefleck 148
Kaffeemaschine entkalken 104
Kaffeesatz zum Düngen 179
– zum Reinigen 112
Kamillenöl 273
Kämme, saubere 263
Kampferöl 273
Kanten, saubere 314
Kapuzenbänder 221
Karotten 51
Kartenlesen 339
Kartoffelbrei 68
Kartoffeln, gebackene 57
–, grüne 57
– im Grill 52
Kartoffelpuffer 13
Käse frisch halten 61, 63
– reiben 61
Käsemesser 63
Käseschäler 61
Käsesoße 62
Katze ist heikel 286
Katzen im Urlaub 286
–, junge 285

Katzenhaare entfernen 285
Katzenkauf 286
Katzenstreu als Anfahrhilfe 331
Kaugummi entfernen 152
– im Haar 234
– im Teppich 131
Kerze flackert 362
Kerzen, tropfende 363
Kerzen auf dem Geburtstagskuchen 349
Kerzenleuchter, saubere 134
Kesselstein entfernen 105
Ketchup geht nicht aus der Flasche 86
Kiefernöl 279
Kind gefunden 237
–, zorniges 238
Kinder 217 ff.
Kinderbettchen 218
Kindergeburtstag, Einladung 223
Klaviertasten reinigen 361
Klebstoff an der Kleidung 147
Kleiderlänge, perfekte 141
Kleiderbügel, feste 159
Kleiderfalten entfernen 157
Kleiderschrank reinigen 133
Kleidung, saubere 259
Kleingeld im Auto 325
Klingelknopf markieren 221
Kloßbrühe 35

Sachregister

Knetgummi aufbewahren 229
Knoblauch in der Hausapotheke 247
Knoblauch-Öl 48
Knoblauch die Schärfe genommen 49
Knochenbrühe 35
Knöpfe annähen 137
— an Kinderbekleidung 138
Knopflöcher 137
Kochbuch erweitern 29
Kochdünste 19
Kochtöpfe, angebrannte 105
Koffer, duftende 381
— geht verloren 372
Kohl ohne lästigen Geruch 64
Kohlrabi ernten 209
Kohlweißlinge 198
Kokosnuß-Schalen 43
Kokosnüsse öffnen 43
Kompost aus Papier 214
Kondensmilch 60
Kontaktlinsen verloren 356
Kopfhaut-Pflege 264
Kopfsalat nachwachsen lassen 204
Kopfschmerzen 243
Korbmöbel auffrischen 128
Korkenzieher-Ersatz 352
Kosmetika kühl lagern 257

Kosmetikschrank, Inventur 257
Krabben in Sherry 73
Kragen 156
Kratzer im Lack 333
Kräuter, frische 195
Kreide in die Silberschublade 107
Kresse 200
Kristall-Lüster, blitzblank 126
Krokus im Rasen 183
Kübelpflanzen im Winter 173
Kuchen, altbackener 94
— aus der Form bringen 97
— hat sich gewölbt 98
Kuchenbleche reinigen 106
Kuchengitter-Ersatz 100
Küche, blitzblanke 104 ff.
Küchenboden, blitzblank 119
Küchenrolle im Freien 346
Kugelschreiberflecken 149
Kühler 324
Kühlschrank 21, 22, 23
Kühlschrank, Sicherheit 21
Kühlwasser 324
Kunstgalerie im Kinderzimmer 230
Kunststoffboden reparieren 307
Kunststoffkordeln 362

Sachregister

Kunstwerke, kindliche 227
Kupferkessel reinigen 108

Lackieren 316
Lackschuhe 161
Laken für den Strand 226
Lammfleisch 85
Lautsprecher brummt 307
Lavendel gegen Blattläuse 180
Lavendelöl 273
Lebensmittel im Kühlschrank 18
Ledermöbelpflege 129
Leim, überschüssiger 299
Leintuch-Trick 375
Licht am Spiegel 258
— für Zimmerpflanzen 173
Limo für die Kleinen 228
Linoleum aufpolieren 114
Lippenstift, abgebrochener 261
Loch im Benzintank 326
Lorbeerblätter für das Haar 265
Lösungsmittel 310
Löwenzahnsalat 47

Magenverstimmung vorgebeugt 234
Magnet für die Nadeln 136
Mäher reinigen 185
Maikäfer 181

Majoranöl 274
Make-up-Entferner 257, 259
Make-up-Stifte anspitzen 257
Malerhände, saubere 311
Mandeln mahlen 89
Markisen reinigen 120
— wieder wie neu 378
Maschen auffangen 146
Maulwürfe 181
Medizin für die Katze 285
Meisenfutter, selbstgemachtes 289
Melissenöl 275
Messerpflege 19
Messing putzen 112
Migräne 242
Milch 60 ff.
Milch, haltbare 60
—, nicht angebrannt 25
Mineralwasser für das Gesicht 261
Mixer reinigen 109
Möbelpolitur phantastische 125
Möhren richtig gedüngt 200
Mokka 28
Mottenschutz 159
Mückenfalle 365
Mundgeruch 243
Muscheln, frische 74

Sachregister

Nadel einfädeln 138
Nadelkissen 141, 142
Nadellöcher im Stoff, keine 138
Nagel einschlagen 297
— in der Wand 297
Nägel, aufgeweichte 269
—, eingewachsene 269
Nägel unter dem Anstrich 178
Nagelfeile-Ersatz 270
Nagellack, schnell trocken 270
—, streichfähiger 269
Nagellackflasche, nicht verklebt 269
Nähen 136 ff
Nähetui für die Reise 136
Natron 23
Naturfaserteppiche flicken 131
Nelkenduft im Küchenschrank 133
Neroliöl 275
neuform 18
Nikotin gegen Schädlinge 202
Nudeln kochen 16
Nudelrolle, Ersatz 29
Nuß-Ersatz 96

Obst 36 ff.
— im Kühlschrank 23
—, kein braunes 37
— lagern 212
— schälen 36
Obstessig als Medizin 249
Obstflecken 151
Ochsenschwanzsuppe 34
Offener Kamin 377
Öl aufbewahren 15
Ölflecken 150
Ölgemälde reinigen 377
Omelettes, köstliche 68
Orangenblütenöl 275
Ostereierfarben 381
Osternest 201

Pampelmuse 39
Panade 84
Papageienzähmung 287
Papier, angeklebtes 309
Parfüm umfüllen 255
Patschuliöl 275
Perlatoren, verkalkte 117
Petersilie 46
— aufbewahren 46
—, belebende 47
—, frische 196
— säen 196
Petzen abgewöhnen 375
Pfannkuchen, delikate 93
Pfeffer 17
Pfefferminzöl 275
Pflanzen, kranke 170
Pflaster abziehen 235

Sachregister

PH-Wert für die Haut 253
Pickel 255
Pinnwand 304
Pinsel einfrieren 312
—, haltbare 312
Pinselborsten, elastische 311
Pinsel-Reiniger 311
Pizza 93
Plastikverpackte Lebensmittel 19
Plätzchen, fetthaltige 99
—, nicht verbrannt 101
— verpacken 101
Polsterreiniger 125
Postkartengrüße 371
Preisfalle 366
Pudding ohne Haut 25
Pullover fusseln nicht 145
Pullover, hat seine Form verloren 144
Pulloverärmel schützen 143
Punsch 351
Puter 78

Quark 60 ff.
— aufbewahren 63
— einfrieren 63
— macht schön 256

Radiergummi auffrischen 361
Radieschen 45
Rahm einfrieren 24

Rapunzel 44
Rasenaussaatzeit 184
Rasen, bewässern 185
Rasenpflege 180
Rauchen im Auto 333, 334
Rauchverzehrer 363
Regenwürmer 213
Regenwürmer nicht im Blumentopf 171
Reibekäse 61
Reinigende Essenzen 279
Reis 13, 59
Reis, schneeweißer 59
Reißverschlußtips 139
Restaurant-Spielen 375
Resteverwertung 33
Rezepte, ausgeschnittene 30
—, Schutz für 29
Rezeptkarten 29
Rhododendrenblüten 187
Rinderbraten, saftiger 86
Rohmarzipan 95
Rohre, verstopfte 306
Rohrstühle 301
Rosa 359
Rosen einseifen 181
— gießen 182
— schneiden 182
Rosenöl 276
Rosinen in Rum 91
Rosmarinöl 276
Rostflecken 333
Rotes Zimmer 360

Sachregister

Rotkohl 53
Rotwein-Beize 16
Rotweinflecken 152
Rührei, sahniges 67
Ruß als Dünger 177

Saft am Stiel 229
Sahne einfrieren 24
Salat 39 ff.
—, aufgefrischter 43
—, frischer 44, 45
Salatdressing 43
Salbeiöl 277
Salmonellengefahr 87
Salz 11
—, klumpiges 17
Salzheringe 75
Salzteig für Kinder 221
Samentöpfchen 199
Sandelholzöl 277
Sauce Hollandaise, geronnene 13
Sauger reinigen 233
Saum, haltbarer 140
Schalaufhänger 141
Schaufel-Ersatz im Auto 331
Schaukelstuhl 301
Schaumstoffkissen beziehen 378
Scheiben, undurchsichtige 315
Scheibenwischer, abgenutzt 335
— im Nebel 335
Scheinwerfer-Ersatz 323
—, vereiste 329
Scheinwerferbirne 324
Schenken 370
Scheuersand 113
Schimmel an den Kellerwänden 309
Schlafmittel 249
Schlagsahne, steife 25
Schlehen ernten 210
Schleifen 305
Schlüssel sind verrostet 379
Schmirgeln 296, 305
Schneckeneier sammeln 201
Schneckenmittel, natürliche 197
Schneckenzaun 195
Schneedecke auf dem Rasen 191
Schneemütze auf dem Autodach 329
Schneeschaufel 363
Schnittlauch 45
Schnittmuster 146
Schnitzel, paniert 82
Schnüffler, Aufklärung für 238
Schnuller reinigen 233
Schnurprobleme 307
Schnürsenkel, ausgefranste 162

Sachregister

Schokoglasur 95
Schokoladenbrösel 92
Schokoladenkuchen, saftiger 91
Schokoladenraspel 99
Schönheit 241 ff.
Schraube, locker 295
Schrauben eindrehen 295
— einseifen 294
— sitzt fest 295
Schublade klemmt 302
Schuhe 154 ff.
— abstellen 160
—, drückt 163
— für Kinder 219
—, nasse 161
—, welcher ist der rechte? 220
Schultertasche rutschfeste 366
Schwarte, knusprige 83
Schwarzwurzeln putzen 57
Schweißränder 152
Seerosen überwintern 189
Segeltuchschuhe 163
Seife für dicke Stoffe 142
Seifenreste 31
Sekt, schaler 15
Sicherheitstip für Waldi 283
Silber, angelaufenes 107
Silvesterkater 352
Sitzkissen, warmes 330
Snacks, lustige 227

Sodbrennen 245
Sommertränke für Vögel 290
Sonnenblenden 332
Sonnenflecken auf dem Tisch 124
SOS pfeifen 365
Spachtelstellen 336
Spaghetti kochen 16
Spalierobst im Winter 209
Spargel, frisch und knackig 56
— schälen 56
Spaß beim Essen 29
Spaten, blanker 179
Speck, gebratener 82
Speisen versalzene 11
Speiseöl, klares 15
Sperrholz sägen 305
Spiegel für Kinder 222
Spiele für Kinder 229
Spielzeugkisten 230
Spinat, aufgewärmter 232
Spinnweben abfegen 135
Splitter rausziehen 235
Spritzbeutel-Ersatz 96
Spülbecken reinigen 113
Stahlträger finden 297
Stärken 158
Starthilfe 327
Startversuch 327
Stauden, alte 186
— bewässern 188

Sachregister

Steinobstbäume schneiden 211
Stiefel für den Garten 214
Stockflecken in Büchern 379
Stoffe, selbstgefärbte 163
Stolperfalle am Teppich 131
Stöpsel, raus mit dem 123
Stoßdämpfer an Türen 303
Stricken 136 ff.
Strudelteig schlagen 88
Strumpfhosen einfrieren 164
Stuhlbein wackelt 303
Suppen 31
Suppe ohne Klumpen 31
Suppenklößchen 34
Suppenwürze 32, 33

Tabak, trockener 363
Tankschlüssel 325
Tapeten ablösen 318
— im Badezimmer 305
Tapetenschere, stumpfe 319
Taschengeld für Kinder 376
Taschenlampe für die Laterne 237
Team-Work 158
Teerflecken 153
Teigkneten 88
Teigroller einfrieren 89
Telefonitis 374
Teppich auffrischen 132
— einlagern 130
— reparieren 131

Teppichbremsen 130
Teppiche aufhellen 127
Thermosflaschen aufbewahren 111
Thymianöl 277
Tiere 281 ff.
Tiere im Urlaub 339
Tierhaare 283
Tinte bleibt flüssig 377
Tisch, wackelt 305
Tischkarten, leckere 226
—, schöne 343
Toilette, frischer Duft 123
—, saubere 123
Tomaten pflanzen 206
— reifen nach 207
— schälen 53
— verfeinern 52
Tomatenflecken 153
Tomatensuppe, feine 33
Torte glasieren 97
Tortenboden, durchweichter 91
Tortendekoration 95
Träume, schlechte 238
Trichter 24
Trinknapf 283
Trinkwasser für Vögel 289
Trockenblumen 174
Trockenshampoo 266
— für den Hund 285
Tropfenfänger für das Fett 346

Sachregister

Tropfenfänger für die
  Decke 314
Türen, klemmende 303
—, verziert 231
Türkis 359
Türsicherung für Kinder 232

Überholvorgang 338
Überkochen verhindern 11
Umtopfen 173
Umweltbewußt Einkaufen 18
Umziehen 367 f.
Unkraut im Rasen 185

Verbrennungen 250
Verdauung 247
Versalzene Speisen 11
Verschluß für Kleber 364
Vertragspartner 336
Vogel ist ausgeflogen 287
Vögel und Zimmer-
  pflanzen 287
Vogel-Milben 288
Vogelscheuche 211
Vollmacht für Kinder 236

Wacholderöl 277
Wachs entfernen 126, 128
Wachsflecken 153
Waffeln auflockern 93
Waldhumusboden 213
Walnüsse, ganze 90
— knacken 55

Wärmflasche 364
Was-ist-wenn-Spiel 227
Wäsche 154 ff.
—, eingehüllte 156
Waschlauge 155
Waschmaschine, kein
  Klappern 155
— ohne Fusseln 154
— schäumt über 155
Waschpulvertonnen als
  Kinderhocker 223
Wasser aus der Plastik-
  flasche 171
—, weiches 168
Wasserdampf 11
Wasserhahn entkalken 118
—, tropfender 301
Wasserkochen, ernergie-
  sparend 24
Wassermelonen 41
Wasservorrat für Balkon-
  kästen 166
Weihnachtsbaum länger
  frisch 353
Weihnachtsbaum mit
  Wurzeln 193
Weihnachtskarten-Ausstel-
  lung 382
Weihrauch 277
Wein 351, 352
Wellensittich-Knabbe-
  reien 287
Werkzeug, vor Rost

Sachregister

schützen 294
Whisky 350
Wicken 190
Wildlederschuhe 162
Wildwechsel 337
Wimperntusche 259
Winkel reinigen 135
Winterfütterung für Singvögel 289
Wohnungsmief 133
Wolldecke im Auto 340
Wolle, ausgeleierte 143
—, gebrauchte, auffrischen 143
— weichspülen 144
Wollhandschuhe, wasserdichte 218
Wollknäuel, mehrere 145
Wollsachen vor Gilb schützen 144
Wursthaut geht nicht ab 83
Würzen ohne Salz 17

Ylang-Ylang-Öl 278
Ysopöl 278

Zähne, saubere 260
Zähneputzen bei Kindern 235
Zahnpasta-Ersatz 260
— für die Hände 268
— gegen Holzflecken 124

Zahnputzglas, sauberes 117
Zeitung unter der Automatte 322
Zelt für Kinder 231
Ziergarten 177 ff.
Ziernägel 297
Ziersträucher anhäufeln 192
— schneiden 187
Zigarrenasche gegen Ungeziefer 167
Zimmerpfanzen 166 ff.
Zimmerpflanzen im Garten 169
Zitronen 41
—, frische 41
—, saftige 41
Zitronensaft 42
Zitronenschale als Reiniger 107
Zitrusfrüchteöl 279
Zuckerguß, glatter 90
Zuckergußschrift 95
Zuschneiden 140
Zwiebelblumen auf dem Balkon 175
Zwiebelgeruch auf Holzbrettchen 110
Zwiebeln, länger frisch 49
— schneiden 48
Zwiebelringe, knusprige 16
Zwinge, winzige 301
Zypressenöl 279